Albert FUA

Ancien collaborateur-rédacteur du *Mechveret*
Rédacteur en chef de *l'Indépendant*

PAGES D'HISTOIRE

ABDUL-HAMID II

ET

MOURAD V

[illegible]

PARIS

Hommage de reconnaissance à la Bibliothèque Nationale

PAGES D'HISTOIRE

ABDUL-HAMID II

ET

MOURAD V

MASQUE DE FER

PRÉFACE

L'étude qu'on va lire a paru, il y a dix ans, dans une revue de Paris (1) et si, depuis la Révolution de Juillet 1908 et l'abolition de la censure en Turquie, l'auteur ne s'est pas préoccupé de la rééditer pour le grand public ottoman, c'est par convenance pour cette fraction des Jeunes Turcs actuellement au pouvoir qui avait, après l'octroi de la Constitution, résolu de ménager, dans l'avenir, les susceptibilités d'Abdul Hamid. Un mot d'ordre courait à Constantinople dans tous les bureaux de rédaction : ne plus attaquer le Sultan, oublier son passé, respecter en sa personne sa double qualité de Sultan et de Khalife (2) ; l'exalter, à l'occasion, afin de lui rendre, progressivement, le prestige et l'autorité que cette même fraction de Jeunes Turcs n'avait pas peu contribué à démolir en Occident et dans le monde islamique, par l'organe du *Mechveret*. A ce monstre humain, on avait médité de faire une virginité nouvelle ; à ce démon, on avait comploté de donner une figure d'ange. Qui? pourquoi? comment? dans quelle pensée secrète et pour quels desseins obscurs? c'est ce que nous avons déjà esquissé, en partie, dans les deux lettres ouvertes que nous avons adressées à Ahmed Riza bey, président de

(1) *L'Humanité Nouvelle*, 1899.
(2) Journal le *Tanin*, 27 mars 1909.

la Chambre ottomane des députés (1). Que l'on veuille bien seulement se souvenir de ces visites secrètes ou publiques que l'ancien directeur du *Mechveret* rendait à Abdul Hamid, où il l'assurait de sa fidélité à sa personne, de ses sentiments de loyalisme, en récompense desquels le chef avéré de la fraction des Jeunes Turcs au pouvoir recevait, comme gage d'un pacte nouveau, ce baiser désormais historique, stigmate indélébile que n'effacera plus le souvenir des services jadis rendus à la cause libérale par celui qui, sur le tard, s'est, on l'ignore, constitué au sein du Comité *Union et Progrès* le champion du Monstre (2).

(1) Voir le journal *L'Indépendant*, organe ottoman, publié à Constantinople, sous ma rédaction en chef, numéros du 25 mars et 6 avril 1909, dont les révélations ont provoqué, quelques jours plus tard, la chute et la fuite misérable d'Ahmed Riza bey. Ce qu'on a appelé la contre-révolution du 13 avril 1909 n'a été, en réalité, qu'un mouvement populaire turc — non entaché de nationalisme — dont les promoteurs, nous en ferons la preuve ailleurs, n'en voulaient point à la Constitution, ni au Comité Union et Progrès, mais à quelques-uns des membres civils de ce Comité que l'on accusait d'athéisme et dont les procédés dictatoriaux ou l'insolence hautaine avaient exaspéré le sentiment démocratique et religieux qui fait le fond de la race des Osmanlis. Sans doute, Abdul-Hamid eut le talent d'exploiter, à son profit, le mécontentement général ; mais, attribuer ce mouvement exclusivement aux intrigues du Sultan déchu, c'est en méconnaître l'essence, au risque de s'exposer encore à de terribles mécomptes dans l'avenir.

(2) Après la Révolution de juillet 1908, en effet, le Comité avait discuté, dans le plus grand secret, la question de savoir s'il fallait ou non maintenir Abdul-Hamid II sur le trône. Les uns réclamaient sa déchéance ; d'autres demandaient, à l'exclusion du prince Réchad Effendi, qu'on croyait gagné à la cause de l'Union libérale, l'accession de Youssouf Yzeddine. Bien que toutes ses sympathies allassent à ce dernier, Ahmed Riza plaida en

Aujourd'hui que n'existent plus les scrupules de haute politique à laquelle l'auteur de cette étude ne s'est associé à aucun moment, et que les raisons de sécurité publique se sont dissipées avec la déchéance de celui dont il y avait lieu d'avoir tant à craindre, il n'est pas superflu de rappeler à la nation ottomane qu'une censure sévère a tenu, pendant plus de trente ans, dans l'ignorance des faits, les conditicns dans lesquelles Abdul Hamid s'était emparé de la couronne, illégitimement, au détriment de Mourad V.

On lira les ruses, les intrigues auxquelles il s'est livré pour dépouiller son malheureux frère de ses droits et de son trône. Jusqu'à la mort de ce dernier, on peut affirmer que,

faveur du maintien d'Abdul-Hamid. Lorsqu'en novembre 1908 je demandai, à lui et au Dr Nazim, les raisons de cette préférence qu'ils firent prévaloir au sein du Comité, voici textuellement la réponse que me fit le Dr Nazim, Ahmed Riza approuvant de la tête : « NOUS AVONS PENSÉ QUE, NOUS DEVANT LA VIE ET SON MAINTIEN AU TRONE, ABDUL-HAMID SERAIT, DANS NOS MAINS, UN INSTRUMENT DOCILE ET OBÉISSANT QUE NOUS POURRIONS MANIER A NOTRE GUISE, TANDIS QUE RÉCHAD EFFENDI (MAHOMET V), VENANT NORMALEMENT AU POUVOIR, NE SE LAISSERAIT PAS METTRE EN TUTELLE PAR NOUS. » Ces paroles éclairent d'un jour lumineux et confirment les desseins secrets d'Ahmed Riza que j'ai révélés dans ma deuxième lettre ouverte et que je rapporte ici pour mémoire : « *Un Sultan, un Grand Vizir et un Conseil d'Etat pour élaborer les lois seraient une garantie plus sûre pour la tranquillité de l'Empire qu'une Chambre des députés. La Constitution, pour moi, est un* MOYEN. *Comme elle est déjà octroyée, prorogée, mais non abolie, et comme ce moyen est conforme à ma devise de l'ordre, il est* LE SEUL MOYEN LÉGAL *qui me permette de me dresser contre le régime d'Abdul-Hamid. Mais, lorsque nous l'aurons obtenue, je travaillerai à rétablir l'autorité du Sultan... et,* QUAND JE LE TIENDRAI DANS MA MAIN... »

Les lecteurs de l'*Indépendant* ont conservé le souvenir d'une dépêche du général Chérif Pacha, ancien ambassadeur de

historiquement, Abdul Hamid a été un sultan illégitime ; et c'est parce que, mieux que personne, il se savait entaché d'illégitimité qu'il a tenu, pendant plus de vingt-huit ans, le Sultan légitime en chartre privée, le soumettant à toutes les rigueurs du *carcere duro* que Louis XIV, dit-on, avait imposé au Masque de Fer. Pour effacer jusqu'au souvenir

Turquie à Stockholm, confirmant, en l'aggravant encore, la révélation que je venais de faire :

« AFFIRME MA CONVERSATION AVEC AHMED RIZA BEY QUI M'AVAIT DÉCLARÉ ÊTRE CONTRAIRE RÉGIME CONSTITUTIONNEL, PRÉFÉRANT GOUVERNEMENT AUTOCRATIQUE, TOUS POUVOIRS INVESTIS EN SOUVERAIN SAGE, ÉCLAIRÉ, CONTROLÉ PAR CONSEIL HAUTS DIGNITAIRES. »

Démasquée, la pensée secrète d'Ahmed Riza indigna le peuple et exaspéra au plus haut point le corps des ulémas. Et c'est en invoquant le maintien de la Constitution à laquelle, durant les trois journées révolutionnaires des 13, 14 et 15 avril, ils jurèrent amour et fidélité, que civils et religieux allèrent demander la démission immédiate du Président de la Chambre et celle de ses amis du Comité que l'on soupçonnait de partager ses conceptions autoritaires et antireligieuses. Si, dans ma deuxième lettre, j'avais publié ce que j'avais encore à dire sur certaines idées d'Ahmed Riza, que j'ai remplacé par une série de points de suspension, le peuple l'eût écharpé vivant, à ce moment-là, et je me félicite que ma discrétion et ma pitié lui aient sauvé la vie. Je dirai ailleurs comment j'en ai été récompensé.

Quoi qu'il en soit, la mainmise qu'il avait rêvé d'opérer sur Abdul-Hamid, Ahmed Riza est en voie de la pratiquer sur son successeur Mahomet V. Il vient, en effet, d'obliger le nouveau Sultan et Kalife à se séparer de ses anciens serviteurs qui avaient partagé trente ans ses souffrances et sa claustration et à subir les services d'un personnel de son choix. Président de la Chambre et, plus tard, simple particulier, Ahmed Riza, par les créatures dont il vient de peupler le palais, tiendra toujours *dans sa main* le nouveau souverain... si Mahomed V, la nation et l'armée lui en laissent le loisir.

de son frère de la mémoire des hommes, il fit défense que le nom de Mourad fût donné aux nouveau-nés et, de fait, il n'est pas, dans la dernière génération, un seul Turc de ce nom. On verra comment il s'employa à accréditer la légende que son frère était fou et, de peur qu'un médecin ne pût constater qu'il ne l'était pas, il le laissa sans soins, pendant les nombreuses années qu'il souffrit du diabète, dans une chambre isolée d'un palais en ruines, où n'avaient accès que des espions. Ses enfants même étaient contraints à partager son triste sort et c'est avec la plus grande stupéfaction que, au lendemain de la Révolution du 24 juillet 1908, on apprit qu'un de ses petits-fils, Fuad Effendi, né dans la prison de son père, n'avait jamais fait une sortie au dehors. A 25 ans, lui, prince, fils de Sultan, il n'avait jamais vu un animal vivant et, rendu libre par la Révolution, ses yeux s'écarquillaient d'une surprise insatiable aux spectacles de la ville et à la vie des rues. Mais, ce que la Révolution a révélé de plus lamentable dans l'histoire du malheureux Mourad V, c'est le supplice qu'on infligea à sa dépouille. Un fidèle d'Abdul Hamid, afin de s'assurer de la mort de celui dont la vie hantait les rêves de son maître, lui cassa le tibia et le péronné à coups de marteau et, pour achever celui qu'un miracle aurait pu rendre à la vie, il lui prit la tête et en frappa le parquet à plusieurs reprises.

Les funérailles du Sultan Mourad V se firent à l'insu de tous. On l'enterra dans un coin de cimetière, sans apparat et sans cérémonie, comme un chien.

Mais la justice immanente tenait en réserve les colères et les expiations auxquelles ne sauraient se soustraire les puissants, quelque assurance qu'ils aient prise contre le mauvais sort. Après le calme, la tempête. Un jour, l'ouragan a soufflé sur Yildiz et le maître, surpris par la bourrasque, a penché sa tête superbe et, pâle de terreur, tremblant et gémissant, il a imploré ses justiciers :

« Je n'ai fait de mal à personne ; pourquoi voulez-vous me tuer?

« Durant vingt-huit ans, mon frère, Sultan Mourad, qui fut si longtemps malade, a reçu, sur mes ordres, des soins affectueux et médicaux. Il a été nourri de lait d'oiseau (expression turque qui signifie choyé). Jamais il n'a été maltraité. Tout autre Sultan l'eût fait mettre à mort ; pourquoi voulez-vous me tuer.

« J'espère que mon frère Réchad, le nouveau Sultan, en fera autant de moi.

« Que l'on ne touche pas à ma vie. Permettez-moi de vivre. Je ferai tout ce que l'on voudra. »

Tout ce que l'on voudra ! lui qui, pendant trente-trois ans, n'a fait que tout ce qu'il a voulu, tout le mal qu'il a voulu !

Aujourd'hui, dans une prison trop belle, livré aux méditations que suggère la solitude et l'abandon, il pourra mesurer toute l'étendue du mal que son règne a fait à cet Empire qu'il a désagrégé dans tous ses éléments physiques, intellectuels et moraux. Et, parmi ses pensées, ses craintes et ses remords, l'ombre de son frère se dressera devant lui pour lui demander, au nom de ses illustres prédécesseurs, le compte de son règne :

« Caïn ! Caïn ! qu'as-tu fait du grand et bel Empire que t'ont légué Mahomet II, Selim et Souleïman?

« Qu'as-tu fait de tes peuples, que tu as torturés, massacrés?

« Qu'as-tu fait de moi?

« Tu m'as brisé les os du crâne et ma mort a brisé ton sceptre.

« Tu as cassé les os de mon corps et mes vengeurs ont cassé les pieds qui portaient ton trône ensanglanté.

« Caïn ! Caïn ! »

Et Abdul Hamid, livide et tremblant, lui dira, osera lui dire : « Mon frère..., grâce..., pitié... Pourquoi veut-on me tuer? » Et il ira, persécuté par la hantise de l'assassinat, rôdant dans sa nouvelle demeure, appelant à son secours ses anciens amis : « A moi, Izzet ! à moi, les Melhamé ! à moi, Ahmed Riza ! » Mais l'écho des quatre murs lui répondra :

« Caïn !

« Caïn !

jusqu'au jour de sa mort, qui sera pour la nation ottomane un jour de fête et de délivrance.

A. F.

Dans le journal Mechveret, *dont je fus le collaborateur anonyme de la première heure, j'avais entrepris une campagne en faveur de la libération de Sultan Mourad, ou, tout au moins, de l'atténuation des rigueurs auxquelles l'avait condamné l'usurpateur, son frère. Le lecteur voudra bien me permettre de reproduire ici mon premier article, extrait du n° 56 du* Mechveret, *15 mai 1898.*

Sultan Mourad

Pour perpétuer leur nom dans le souvenir des hommes, l'implacable histoire exige des rois qu'ils aient accompli de grandes choses ou de grands forfaits ; elle ne demande à leurs victimes que d'avoir souffert.

Le martyre a ce privilège d'illustrer une vie et de l'auréoler d'un prestige pérennial.

Les malheurs de Marie Stuart occuperont l'imagination populaire longtemps encore après que le règne d'Elisabeth ne sera mentionné que pour mémoire ; et, si cette prétendue grande reine émerge sur les ruines du temps qui tout emporte, ce sera pour évoquer dans l'éternité le nom d'un bourreau féminin. Elle devra à sa cruauté un avantage que ne lui vaudront point ni la haine secrète que lui voua l'immortel Bacon, ni l'amitié dont on dit que l'honora Shakespeare plus immortel encore.

Son collègue royal Louis XIV, qui n'accomplit rien par lui-même, dont toute la gloire est usurpée des génies qui se donnèrent rendez-vous au XVIIe siècle sans prévoir que les thuriféraires de cour exploiteraient ce hasard pour rehausser les mérites du plus pessipesqué des rois, aura, lui aussi, disparu à jamais du souvenir, que le mystère du masque de fer, sa victime, défrayera longtemps encore l'intérêt des masses pitoyables.

Plus près d'Elisabeth que de Louis XIV, Abdul-Hamid II, qui n'aura pas à offrir au Tribunal de la postérité, comme excuse de son règne, ni un Corneille, ni un Shakespeare, ni même un flagorneur de cour de l'acabit de Benserade, vivra cependant pour symboliser le mauvais roi, tel Ivan le Terrible ; le mauvais frère, tel Caïn.

Les Arméniens, les Jeunes-Turcs, les Vieux-Turcs, toutes ses victimes ont déjà exhalé leurs souffrances par tous les organes de la publicité, et les gémissements de ceux qui furent des martyrs remplissent chaque jour les antichambres du palais de la Justice divine.

Infortunés, tous réclament instamment de Dieu la comparution du coupable ; mais Dieu lui-même, imitant l'indifférence des hommes et le silence des rois, paraît vouloir rester sourd à tant de souffrances accumulées, à tant de haines entassées jusqu'au pied de son trône, de la terre au ciel !

Qu'attend-il ? Pourqnoi prolonge-t-il nos inquiétudes et nos angoisses en prolongeant la vie de ce roi qui sème la mort là ou ce roi eut pour mission de semer la vie ?

Que sa justice est lente à venir !

Impassible, Dieu attend.

Il attend l'arrivée d'une autre victime, la venue d'un impérial martyr, la dernière charrette !

C'est alors seulement, quand il aura accompli le périple de ses forfaits, et qu'ayant rempli la mesure, Abdul-Hamid II, répondant à l'appel, se présentera à la barre du tribunal dernier, escorté d'un cortège de squelettes, avec dans une main une tête coupée et de l'autre le cœur tout sanguinolent encore de son frère aîné Sultan Mourad.

Et Dieu donnera la parole au cœur de Mourad, et le cœur de Mourad parlera, disant :

« J'avais un frère,

« Un frère puîné que j'aimais et que j'affectionnais comme un fils. Notre père, Abdul Medjid, le plus libéral, le plus réformateur, le meilleur des rois, nous éleva tous les deux dans un esprit de sagesse, nous recommandant de régner avec bonté sur le plus doux de tous les peuples. Lorsque le Destin m'appela au trône, précédé par ma réputation née d'une ferme volonté de bien faire, tous mes peuples divers, sans distinction de race ni de religion, applaudirent à mon accession. Jamais, dit-on, avènement ne souleva un si unanime enthousiasme et n'éveilla de plus vastes espoirs. Mon pays qui se mourait de consomption lente salua, ce jour là, la délivrance, hélas ! comme le moribond qui renaît à la vie et fait des projets d'avenir quelques instants avant d'exhaler son dernier souffle ; car mon frère, mettant à profit une maladie passagère que firent naître en moi de terribles événements usurpa ma place ; et, maître absolu du pouvoir, il s'employa, non au service des nations que tu donnes en garde aux rois, mais à donner libre cours à ses mauvais instincts, lesquels se déchaînèrent avec d'autant plus de calcul et de violence qu'ils avaient été longtemps dissimulés et contenus.

« Le cri de ses forfaits est monté jusqu'à toi.

« Il est un seul crime dont tu as ignoré toute l'étendue parce que, résigné, j'ai souffert, sans me plaindre, un mal qu'il ne m'est pas permis de juger : tu es le seul maître des choses !

« J'avais un frère, un frère puîné que j'aimais et que j'affectionnais comme un fils.

« Quand je fus guéri de ma courte maladie, non seulement il ne me rendit pas mon trône qu'il détenait provisoirement, mais encore, il fit croire au monde que ma maladie était incurable, que je ne pouvais régner utilement et sans danger pour mes sujets.

« Et l'univers le crut, pa ce que mon frère est insinuant et captieux et que le monde est crédule et n'écoute que les méchants.

« Pour donner à ses affirmations l'apparence de la vérité, il me tint enfermé dans une chambre murée, à l'abri des regards humains, pendant un nombre d'années que je ne puis dire, mais que j'ai jugé être fort grand aux cheveux tout blancs de ma tête et à ma barbe toute chenue.

« Il espérait que, désolé, me lamentant, épuisé par les tortures morales et physiques auxquelles il me soumettait, je perdrais, à la fin, l'esprit et, chaque jour, il attendait ma folie pour ouvrir la porte de ma prison aux hommes qui auraient témoigné de ma démence dans tout l'univers.

« Tu m'as laissé, emmuré vivant dans une tombe, vivre et souffrir, car tu voulais savoir jusqu'à quel degré pouvaient atteindre et la résistance d'une victime humaine et les vils sentiments d'un inquisiteur couronné.

« Nulle pitié, ni de mon bourreau, ni de mes sujets restés muets et indifférents devant ce crime, ni de mes cousins, les autres rois de la terre, qui, instruits de l'injustice et de mes malheurs, sanctionnèrent par leur silence intéressé l'usurpation et la cruauté de mon frère.

« Ils ont, eux, les représentants sur la terre de la justice que tu leur as déléguée, assumé une complicité que tu jugeras.

« Mais si ta colère s'abaisse à les punir tous, fais que leurs peuples, qu'ils mêlent sans cesse à leurs querelles personnelles et emploient au service de leurs passions et de leurs haines, ne portent point, eux aussi, la peine de la commune injustice. Les nations ne sont pas responsables des crimes de leurs maîtres, elles en sont les premières et les plus intéressantes victimes.

« S'il m'avait été donné de régner, j'eusse exercé tout ce que tu m'aurais donné de puissance et de volonté à faire le bonheur de mon peuple qui a si délibérément abandonné celui qui s'apprêtait à devenir le meilleur de ses serviteurs

Ainsi parlera le cœur du Sultan Mourad.

Et Dieu, pour la première fois, se repentira d'avoir laissé se perpétuer une injustice !!...

I

UN SULTAN LIBÉRAL

Lorsque le mardi matin du 30 mai 1876 cent et un coups de canon annoncèrent à Constantinople la déchéance inattendue du Sultan Abdul-Aziz et l'avènement du Sultan Mourad, le premier mouvement de surprise passé, ce fut, dans toute la ville, comme une explosion de joie. Les hommes, dans les rues, se félicitaient, se congratulaient ; musulmans, chrétiens et juifs s'embrassaient et, gagnés par l'émotion des femmes qui pleuraient de joie, leurs yeux s'humectaient de larmes. On oubliait de vaquer à ses affaires pour aller transmettre la bonne nouvelle à un parent, à un ami et, plus vive que le télégraphe, la rumeur publique eut bientôt fait d'attirer, sur les places et dans les carrefours, des foules en délire de bonheur, qui se dépensaient en manifestations et en réjouissances. Les Musulmans dont on connaît la nature placide et la modération, étonnèrent surtout par une exubérance dont ils n'avaient pas encore habitué les autres peuples, et tous, avec un ensemble et une spontanéité qui n'étaient guère de commande, confirmèrent toute la nuit par des illuminations et par des divertissements leur joie et leurs espérances. La Bourse elle-même, dont on sait la prudente méfiance, salua cet avènement par une hausse de 3 francs sur les valeurs ottomanes — fait inouï !

Trois mois plus tard, le 31 août, cent et un coups de canon annoncèrent à Constantinople la déchéance du Sultan Mourad et l'avènement d'Abdul-Hamid. Alors ce fut dans toute la ville, et bientôt dans tout l'Empire, une stupeur générale faite de regrets et d'appréhensions. On s'abordait dans les rues avec circonspection, on se parlait à voix basse ; tous les visages étaient consternés. Musulmans, chrétiens et juifs se faisaient des compliments de condoléances et confondaient dans la même poignée de mains leurs regrets et leurs craintes. Il semblait que trois mois de bonheur et d'espérances vinssent aboutir à une catastrophe. La Bourse, qui ne pouvait pas ne pas monter, timidement et comme toute honteuse d'aller contre l'opinion et contre ses propres désirs, haussa péniblement de 4 paras. — Le soir, seuls les édifices publics illuminèrent.

L'Ambassade de Russie, qui s'était abstenue le jour de l'avènement du Sultan Mourad et dont le palais faisait comme un trou noir dans la Ville radieuse de lumière, alluma pour Abdul-Hamid toutes ses rampes, toutes ses fenêtres, jusqu'au toit.

A quels instincts les peuples ottomans obéissaient-ils en faisant un accueil si différent aux deux fils d'Abdul-Médjid? Pourquoi cette inégalité de traitement et que s'était-il passé pendant les trois mois de règne du Sultan Mourad qui justifiât contre le nouveau souverain les craintes et les pressentiments qu'Abdul-Hamid, hélas ! n'a que trop légitimés depuis vingt-deux ans !

***

Le règne du Sultan Aziz avait été à peu près stérile dans l'ordre des réformes dont l'ère fut inaugurée si brillamment par Sultan Médjid. Le parti libéral, qui avait pour chef incontesté Midhat Pacha, ne voyait pas sans crainte la Turquie, retombant dans les errements du passé, perdre un à un tous les bienfaits qu'elle avait acquis sous Abdul-Médjid et compromise dans l'avenir l'œuvre indispensable des réformes. Il connaissait toute la valeur morale de l'héritier présomptif, son libéralisme, son désir de relever et de mettre la Turquie au niveau des puissances de l'Occident. Les mœurs pures du prince Mourad, sa loyauté, son intelligence *pour le bien*, en même temps qu'elles offraient la garantie d'un avenir rassurant, mettaient dans l'âme comme un regret de voir tant de forces vives se perdre sous un règne inutile qui menaçait de se prolonger au grand dam de tout un peuple, de tout un Empire !

Après avoir tenté, à plusieurs reprises, de ramener Sultan Abdul-Aziz dans la voie des réformes, de relier la trame interrompue, de combler la solution de continuité, le parti libéral reconnaissant, à la fin, l'inutilité de ses efforts, mesurant toute l'étendue des désastres qui s'accumulaient chaque jour sur les peuples ottomans, n'écouta que son patriotisme et, fidèle aux enseignements de Mahomet, accomplit, contre le plus dangereux des despostes, avec un courage civique dont il est peu d'exemples dans l'histoire, ce coup d'État du 30 mai 1876 salué par les Turcs et par l'Europe comme une délivrance et comme une promesse.

Sultan Mourad ne fut pas long à donner la mesure de ses sentiments et à fournir une preuve publique qu'il allait dépasser en libéralisme quelques-uns mêmes des chefs libéraux qui l'avaient élevé au pouvoir. Lorsque le vendredi 2 juin il alla, en voiture découverte, faire au sérail de Top-Capou la visite traditionnelle et de là, à cheval, à la mosquée de Sainte-Sophie pour y accomplir son premier Sélamlik, la joie et l'enthousiasme de la foule massée en rangs compacts sur le parcours qui va de Dolma-Bagtché à Sainte-Sophie furent si grands, si spontanés, si touchants, à l'aller et au retour, qu'oubliant, l'étiquette antique et surannée qui exige d'un Sultan qu'il compose son visage et prenne, en public, un air grave, compassé et impérieux, Mourad V n'obéit qu'aux mouvements de son cœur et salua de droite et de gauche, le sourire sur les lèvres, rendant à la foule les baisers qu'elle lui envoyait, pour lui témoigner sa communion avec elle et lui donner un gage de sa sincérité et de son amour. Rentré au palais, comme Hussein-Avni-Pacha, le Ministre de la Guerre, s'autorisant de la part qu'il avait prise dans le coup d'État, le rappelait à la tradition qui défend à un souverain ottoman de saluer le public, Mourad V, se réclamant de sa justice et de son cœur, rappela, à son tour, son ministre au sentiment du respect humain et de l'égalité de tous les hommes devant Dieu.

Cette première parole était tout un programme. Mais, comme par une fatalité qui semble peser sur notre malheureux pays, de tragiques événements et les menées astucieuses du prince impérial Abdul-Hamid ne devaient pas tarder à anéantir tant de joie et tant d'espérances! L'aube fut courte qui se leva sur l'Empire Ottoman dans le rayonnement de cette journée du 2 juin 1876 !

Abdul-Aziz auquel venait de succéder Mourad V, était un homme que l'exercice d'un pouvoir despotique et des passions de toute nature, assouvies sans mesure, avait conduit insensiblement à un état voisin de la folie. Il ne se plaisait qu'aux combats de coqs, aux jeux des lutteurs, à l'immonde kaar-ïeuz, aux griseries de l'alcool et des femmes A un pareil régime son corps d'athlète résista, mais son cerveau devait fatalement succomber tôt ou tard. Il eut des accès de fureur, des violences inouïes, jusqu'au crime, et dans le délire de ses emportements il tourna plus d'une fois contre lui-même, l'arme qu'il exerçait sur ses serviteurs et sur ses femmes. Un jour même, sous la poussée d'une rage folle, il roula une corde à son cou, se pendit et il serait mort si les gardiens qui veillaient à la porte n'étaient accourus pour le délivrer.

C'est dans cet état d'esprit qu'allait le surprendre le coup de force tenté avec succès par le parti libéral. Il faut reconnaître que si le prince Mourad fut du complot qu'avait tramé ce parti pour la déchéance d'Abdul-Aziz, sa complicité se justifie du fait de l'aliénation mentale du souverain, de l'unanimité des pouvoirs constitués et enfin de l'approbation expresse de la loi musulmane confirmée par un fetwa régulièrement accordé par le chef de la religion. Il ne désira pas le trône, mais il l'accepta pour délivrer le pays du cauchemar d'un fou couronné. A cette complicité il risquait sa vie. Comme tout le monde, il connaissait les fureurs et la barbarie de son oncle ; sa tête était à la merci d'une indiscrétion, d'une trahison, et trop de personnes étaient dans le secret. On conçoit ses angoisses. Le coup d'État devait avoir lieu le 31 mai au soir et c'est le 30 mai au matin qu'il fut exécuté. Les ministres l'avaient devancé d'un jour parce qu'ils avaient cru, à quelques indices, que leur complot était découvert. Malheureusement ils oublièrent de prévenir le prince héritier qu'ils allaient précipiter l'événement. La nuit du 30 au 31, raconte un de ses biographes, « Mourad était plongé dans un profond sommeil lorsqu'un peu avant trois heures du matin, le « Séraskier (Ministre de la Guerre) entrait avec l'allure « militaire d'un tambour-major dans la chambre du prince, « le réveillait en sursaut et l'engageait à s'habiller à la « hâte. La figure dure et rébarbative de Hussein-Avni « n'inspirait pas la confiance. — Qu'y a-t-il? demanda le « prince envahi soudainement par la pensée sinistre que cet « homme était envoyé par son oncle pour accomplir un « meurtre. — Ce qu'il y a? le palais est gardé à vue.

« Abdul-Aziz ne peut s'échapper ; il apprendra, quand il « fera jour, qu'il a cessé de régner et que Mourad V, son « légitime successeur, a été proclamé Sultan. — Ces paroles, « proférées d'un ton saccadé, ne calmèrent pas les appré- « hensions du prince ahuri qui refusait de se lever en « disant : J'aime autant être égorgé dans mon lit. — Vous « le serez si vous hésitez à sortir sur-le-champ avec moi. « Mais, pour Dieu, chassez vos soupçons, prenez ce revol- « ver suspendu à votre chevet et, à la moindre apparence « de trahison de ma part, vous me brûlerez la cervelle. — « Enfin, à demi convaincu, Mourad s'habilla, s'arma du « revolver et suivit Hussein-Avni ».

Il suivit le ministre de la guerre, mais à demi étourdi sous le coup de la première pensée qui l'avait brutalement assailli dans son brusque réveil : je suis trahi, on vient pour m'assassiner. Cette commotion est l'origine du mal qui devait faire bientôt du plus doux et du plus aimable des princes le plus touchant des martyrs. Pour comble de malheur, les émotions n'allaient pas lui être épargnées pendant les premières semaines, et il semble qu'elles devaient s'accumuler comme à plaisir dans le cœur de cet homme généreux. Au retour du Séraskérat et de son premier Sélamlik, Sultan Mourad s'embarquait à Sirkédji-iskélessi dans un des caïqs impériaux pour se rendre au palais de Béchiktache, lorsqu'en route, il aperçut non loin de lui, dans un caïq réservé la veille pour son propre service, l'ex-Sultan Abdul-Aziz que l'on conduisait à Top-Capou. Alors il ne put retenir ses larmes au spectacle de cette grandeur déchue et son cœur saignait encore lorsqu'il entra dans le Palais Impérial d'où son oncle venait d'être chassé.

Mais ce n'est là qu'une preuve de sa sensibilité, et la plus cruelle des émotions était réservée à la plus impressionnable des âmes.

Nous avons dit les colères, les emportements sans mesure d'Abdul-Aziz, sa folie, son acharnement à briser tout ce qui lui désobéissait ou lui résistait. Il ne pouvait supporter aucun contrôle à sa volonté, aucune atteinte à sa dignité souveraine et, lorsqu'il se vit, d'une heure à l'autre, tombé du faîte à l'abîme, son cerveau ébranlé par mille excès ne fut guère en mesure de résister à un tel abaissement de sa puissance ; le suicide le guettait : il n'y faillit pas.

Mais, par malheur, sa mort lamentable devait faire une autre impériale victime.

Un dimanche matin, Sultan Mourad, assis sur un sofa, se laissait aller aux réflexions et aux tristesses de l'heure présente. Soudain, au mépris de toute étiquette, Ali-bey, l'économe du Palais, entra en coup de vent. C'était un fanatique ignorant dépourvu d'âme et de cœur, incapable de comprendre et de ménager chez les autres des sentiments dont il ignorait l'existence. Il revenait du Palais d'Abdul-Aziz et, sans préparation, brutalement, il annonça à Mourad V le suicide et la mort de l'ex-Sultan. A la première nouvelle Mourad V pâlit et manqua défaillir. Mais sans tenir compte de l'état du souverain et dans la pensée de s'attirer les bonnes grâces de son nouveau maître en lui annonçant, le premier, la mort de son prédécesseur, qu'il croyait devoir être accueillie avec joie, l'économe lui raconta par le menu, tout d'une haleine, sans émotion, comment Abdul-Aziz s'était ouvert les veines du bras avec des ciseaux qui traînaient sur un divan et toute la douloureuse agonie de celui devant qui, hier encore, lui-même tremblait de peur et de respect. Mais Sultan Mourad n'entendit pas jusqu'au bout la narration : il s'évanouit.

Lorsqu'il revint à lui, Sultan Mourad était pâle et triste. Quelques heures après, il fut pris de vomissements et d'un fort mal de tête qui le brûlait, disait-il, intérieurement.

Toute la nuit il souffrit d'une fièvre agitée et de cauchemars lancinants où les larmes et les paroles de désespoir alternaient avec les abattements, les prostrations et le plus morne silence. Lorsqu'il s'exhalait en plaintes, c'était pour maudire le jour de son avènement et regretter le temps où, simple prince, il vivait libre et sans remords, au lieu que le suicide de son oncle, qu'il s'attribuait généreusement serait, disait-il, comme un boulet rivé à toute son existence.

Nous n'entrerons pas ici dans le détail de la cure de morphine qu'un médicastre employa pour la guérison du Sultan, là où les calmants et les lénitifs demandaient leur naturelle application. Nous voulons établir simplement que la maladie de Mourad V ne fut qu'une crise d'émotions dont il faut rechercher la cause dans les terribles circonstances qui entourèrent son accession au trône et la justification — toute à son honneur — dans l'extrême sensibilité et dans la grandeur d'âme de cet infortuné prince.

Cependant, les maladies de la sensibilité ne sont pas incurables et celle de Mourad V, nous allons le prouver, ne devait pas survivre longtemps à sa déchéance. Mais dans ce foyer incandescent d'intrigues qu'on appelle le Palais les ennemis de la personne et des idées libérales du Sultan régnant allaient-ils laisser échapper cette éclipse partielle de la royauté sans étaler le grand et le petit jeu de leur politique et de leurs ambitions?

II

LES DEUX COMPLICES

On sait l'adage : « Cherchez la femme » qu'un juge d'instruction applique presque toujours avec succès dans ses investigations pour la découverte d'un crime. Dans les affaires d'Orient et principalement en Turquie, l'historien ne peut faire un pas, il ne peut ni trouver, ni donner une explication plausible et vraie des événements si, au préalable, il n'a mis en exergue de ses études ces mots : « Cherchez la Russie », qui sont comme la lampe d'Aladin ou le « Césame ouvre-toi » des trente dernières années de l'histoire ottomane. En l'espèce, et dans le cas qui nous préoccupe, de la prétendue folie de Sultan Mourad, on pourrait doubler la formule et dire concomitamment : « Cherchez Abdul-Hamid ». Mais n'anticipons pas et commençons par l'honneur qu'on doit à tout seigneur.

On a beaucoup écrit et souvent discuté sur l'authenticité et l'existence elle-même du testament de Pierre-le-Grand. Au point de vue de notre pays, ces discussions n'ont qu'une valeur académique, et, plus que ce fameux testament, les événements, le fait brutal, dont l'exécution et la réalité sont évidentes viennent, au surplus, démontrer qu'avec ou sans testament, la Russie poursuit systématiquement, méthodiquement, avec la patience du termite, l'abaissement et la destruction, à son profit, de l'Empire ottoman : *Delenda Carthago*. Après l'avoir diminuée, affaiblie géographiquement, il était logique qu'elle s'opposât à son relèvement moral. Toutes les réformes accomplies en Turquie dans le domaine de l'intelligence et de la liberté sont un danger troublant pour les peuples soumis à l'autocratie russe dans le voisinage des frontières asiatiques et comme une leçon qui, au regard de l'Europe, s'imposerait au gouvernement de Saint-Pétersbourg puisqu'elle lui viendrait d'un peuple qu'on a toujours fait passer en Occident pour arriéré et irréformable. Là est tout le secret de l'opposition et de la coercition russe dans la politique orientale, et, la bonne grâce que mit la Russie à excuser, presqu'à justifier le massacre du peuple arménien dont une partie est soumise à sa domination, est une preuve surérogatoire de la persévérance, nous allions dire de la duplicité de ses desseins.

Or, ce n'était pas un secret, pour elle moins que pour tout autre, que l'héritier d'Abdul-Aziz, le prince Mourad, annonçait un libéralisme en regard duquel celui que les membres de la famille d'Osman avaient affiché depuis le commencement de ce siècle était bien modéré et, on l'ignore ou on feint de l'ignorer en Europe, conforme à tout l'enseignement de Mahomet dont certains Sultans ont travesti, à dessein, la doctrine au profit de leur despotisme que rien, absolument rien dans le Koran n'autorise. Dès lors, on conçoit la surprise désagréable que le coup d'État du parti libéral causa à la Russie dont l'ambassadeur, le général Ignatieff, avait, sous le règne d'Abdul-Aziz, si bien servi en Turquie la politique de désorganisation et d'affaiblissement. Avec ce nouveau Sultan elle allait donc se trouver en face d'un homme résolu à tous les progrès, décidé à toutes les réformes. Cette perspective lui était insupportable. Tout un travail à recommencer d'intrigues, de promesses, de menaces ; sans doute, des complications surgiraient avec l'Europe libérale qui ne manquerait pas d'encourager, de soutenir le réformateur, le sauveur, peut-être, de la Turquie? Quelle intolérable pensée ! Dans son humeur, oubliant les règles des plus élémentaires convenances diplomatiques, elle s'abstint d'illuminer pour l'accession au trône d'un prince, si mal noté dans ses calculs.

En revanche, la nuit du jour où Abdul-Hamid sera intronisé, parmi l'obscurité des rives du Bosphore que les habitants s'abstiendront d'éclairer, un stationnaire émergera tout éclatant de lumière. Et Abdul-Hamid, penché à une fenêtre de son Palais, désignant le vaisseau à un de ses chambellans, lui dira avec un sourire de satisfaction et de malice : « Le Russe, qui n'a pas illuminé pour mon frère, a illuminé pour moi. » Il oubliera de dire que le *Russe* et lui avaient travaillé à la déchéance de son frère.

En effet, dans les premières semaines du règne du Sultan Mourad, pendant que le général Ignatieff intriguait auprès de certains ministres, auprès de Rédif pacha surtout, dévoué au prince Abdul-Hamid ; tandis que, le verbe haut, il allait se plaignant qu'on mît des retards à lui faire accorder une audience par Sultan Mourad — qu'il savait malade, — criant son départ à tous les échos de la ville et assurant qu'il ne reviendrait que le jour où un Sultan sain d'esprit aurait remplacé un Sultan « aliéné » ; mettant à profit les événements et les difficultés intérieures, un homme, son complice, un turc, travaillait dans l'ombre.

A cette époque, la Turquie traversait une crise politique qu'avait préparée de longue main le général Ignatieff :

guerre avec la Serbie et le Monténégro ; révolution en Herzégovine. Quelle que fût leur autorité, les ministres n'osaient ni ne pouvaient assumer une responsabilité qui, sous un gouvernement autocratique, est liée au pouvoir exécutif lui-même. La maladie du Sultan Mourad contrariait leurs mouvements et frappait d'avance de stérilité toutes leurs décisions. Deux guerres et une révolution n'étaient pas faites pour diminuer leurs perplexités. La situation était fort menaçante ; il fallait à tout prix, devant l'Europe qui réclamait des explications et des assurances, rendre au pouvoir souverain toute sa conscience et tout son prestige.

On songea à une régence.

Le prince Abdul-Hamid Effendi, frère de Mourad V et son héritier présomptif, ne voyait pas, sans un secret plaisir, les difficultés s'accumuler du chef de la maladie du Sultan, qu'il exploitait à son profit, en sous-main, avec la complicité des ennemis, au dedans et au dehors, d'une Turquie libérale. C'est parce qu'il connaissait les idées de ce prince que le général Ignatieff, comptant, d'autre part, sur la reconnaissance de celui qui allait lui devoir le trône, usa envers les ministres turcs de ces menaces qui ressemblaient fort à un scandaleux chantage politique. Au sein même du ministère, Abdul-Hamid Effendi avait un partisan très puissant, Rédif Pacha, ministre de la guerre. C'est lui qui lança l'idée d'une régence, sous l'inspiration même de celui qui devait en être le bénéficiaire. Mais Midhat, Rujdi, Hussein Avni pachas y répugnèrent tout d'abord parce qu'ils savaient que remettre le pouvoir à ce prince connu de tous par sa fourberie, son hypocrisie, pour sa haine envers son frère dont il s'était constitué, jadis, l'espion mal venu auprès de leur père Sultan Medjid, c'était compromettre leur œuvre de réformes et rendre inutiles et vains dans l'avenir les effets qu'ils avaient espérés de leur coup d'État (1). Mais, pour désarmer leurs répugnances et lever leurs scrupules, le prince Abdul-Hamid, qui s'exerçait déjà dans l'art de Machiavel, s'empressa de faire proclamer partout qu'il s'était rendu aux idées libérales ; que s'il lui était donné d'occuper le pouvoir, il pourvoirait la Turquie des institutions qui sont la force et l'honneur des nations civilisées ; enfin pour gagner les sympathies et le concours du gouvernement Anglais, il alla jusqu'à mendier la protection de sir Layard, lui promettant qu'il doterait le pays d'une Constitution, conformément aux lois du Chériat qui autorise et impose même aux peuples musulmans cette forme de gouvernement.

Tous ces beaux vouloirs et ces nobles sentiments étaient trop récents pour que Midhat et Rujdi, qui connaissaient leur homme, s'y laissassent prendre ; mais les événements se précipitaient, l'autorité du Ministère était dépouillée de sanction ; en secret, Hussein Avni escomptait une dictature sous une régence : on chargea Rudji Pacha d'entrer secrètement en pourparlers avec le prince héritier.

C'est ici que se révèle, pour la première fois, l'homme qui, pendant 22 ans, va tenir l'Europe sous la séduction de ces mensonges. Lorsque l'idée d'une régence fit tout son chemin, lorsque les circonstances et les événements firent d'un changement de personne au pouvoir une nécessité politique inéluctable, celui qui avait été la cheville ouvrière de l'intrigue, fort de son succès, élargit le champ de son ambition. Il rêva la couronne. En secret, conduit par le colonel Iskender pacha, il alla voir Namyk pacha, vieux dignitaire aimé et vénéré de tous. Il se jeta à ses pieds, le pria et le supplia, les larmes aux yeux, d'user de toute son

(1) Sultan Medjid éprouvait pour son fils Abdul-Hamid une telle répulsion qu'il avait ordonné, de peur que la journée ne lui fût néfaste, qu'on lui épargnât, à son réveil, la vue de cet enfant.

influence, de toute son autorité sur l'esprit des ministres pour les convertir à une définitive transmission de la couronne. Le vieux Namyk, attendri, promit (1). Le lendemain, quand les ministres, que Namyk Pacha n'avait pas encore vus, vinrent en corps sonder le prince, Abdul-Hamid, dont les intrigues mêmes aboutissaient à cette démarche difficile, feignit la surprise et la douleur. Il témoigna de son amitié pour son frère, de sa tendresse pour le malade. Il ne se croyait pas le droit d'empiéter sur les prérogatives de la Majesté Impériale. Son dévouement et son respect étaient acquis à celui qui représentait légitimement la maison d'Osman ; toute diminution de sa puissance serait une atteinte portée au prestige Impérial. Et, d'ailleurs, n'était-ce pas tenter le malheur que de tirer profit d'un accident arrivé à l'aîné de la famille? Ni sa dignité, ni son honneur, ni son amour fraternel ne l'autorisaient à dépouiller de son autorité, même provisoirement, celui que Dieu avait désigné pour gouverner la nation ottomane!

Tout cela était dit les larmes aux yeux, avec une humilité qui excluait toute simulation. Et, comme Midhat s'étonnait, le prince l'assura des sentiments qu'il n'avait cessé de cultiver pour son frère Mourad, disant que tout ce qu'on racontait sur sa prétendue haine avait été propagé par des gens intéressés à les brouiller tous les deux.

Pendant ce temps, le même Abdul-Hamid Effendi, par l'intermédiaire de son ami Rédif Pacha et d'un sous-officier de sa garde, Moustapha bey, faisait écrire aux ministres, que la démarche de Namyk Pacha ne convertit point, des lettres qui leur parvenaient chaque jour par

(1) Quelque temps après, lorsqu'il fut monté sur le trône Abdul-Hamid, se souvenant de la démarche humiliante qu'il avait faite auprès de Namyk Pacha, pensa à celui qui en avait été le témoin. Iskender Pacha mourut étranglé.

centaines, où il était dit en substance, que les classes dirigeantes de Constantinople n'étaient plus à ignorer la folie du Sultan Mourad, qu'elles ne voulaient pas d'un fou sur le trône ; que, si les Ministres cachaient au peuple cette situation, d'autres sauraient bien la lui apprendre ; enfin qu'il fallait à tout prix pourvoir non à une régence, mais à une transmission de la couronne.

Pris entre les menaces du général Ignatieff, les embarras et les difficultés nés de deux guerres aux frontières et d'une révolution dans l'Empire ; appréhendant à l'intérieur une révolte religieuse, les ministres que les protestations et les serments d'Abdul-Hamid Effendi n'avaient pas encore convertis, mais optant pour le moindre mal, supplièrent le prince d'accepter la régence pour sauver la patrie en danger. « *Une régence ?* se récria hypocritement Abdul-Hamid Effendi, qui était instruit au jour le jour des difficultés où se débattait le gouvernement ; *ou bien mon frère n'est pas fou, et je ne puis accepter la régence, ou bien je conclus de votre empressement à m'offrir la régence que mon frère est fou et, dans ce cas, je demande qu'il soit bien établi que sa maladie est incurable.* »

C'était la carte forcée. De son côté Ignatieff, le complice du prince Abdul-Hamid, se fit plus pressant et menaça la Turquie en agitant le spectre d'une déclaration de guerre. La situation devenait dangereuse. Les ministres se résolurent alors à passer par les exigences du prince, quoiqu'ils sussent, d'après un rapport du médecin, que la maladie du Sultan Mourad était bénigne et passagère. Mais il fallait courir au plus pressé pour épargner à l'Empire Ottoman des catastrophes. Un médecin, celui-là même qui avait fortifié leur conviction, fut chargé de faire un rapport et de déclarer Mourad V atteint pour la vie, ce qu'il fit avec une assurance que démentira bientôt la guérison définitive du Sultan. Relatons, en passant, que ce même médecin avait remis quelques jours auparavant à la Sultane Validé un rapport dans lequel il se faisait fort de guérir son fils en moins de trois mois. En moins de trois jours il changea d'opinion. N'insistons pas. La raison d'État ne connaît pas de raisons.

Contraint par les événements, Midhat Pacha, qui savait mieux que personne que le deuxième rapport du médecin avait été dicté par l'impérieuse nécessité politique, s'était rendu aux exigences d'Abdul-Hamid Effendi ; mais toujours méfiant, et voulant épuiser jousqu'au bout toutes garanties pour l'avenir, il lui demanda de réunir tous les princes de la famille impériale dans un déjeuner au Kiosque de Nizbétié, afin de leur faire une déclaration solennelle qu'il n'acceptait le trône que parce que Mourad V était malade et que, si son frère guérissait, il s'empresserait de lui rendre la couronne. Abdul-Hamid se voyait trop près du but pour ne pas éluder une pareille offre et, trouvant dans cette proposition une occasion de perdre dans l'esprit des membres de la famille d'Osman Midhat Pacha, dont il devinait les méfiances et l'hostilité, il leur fit communiquer ostensiblement cette invitation pendant qu'il leur faisait dire en secret que Midhat Pacha avait pris l'initiative de cette réunion dans le but de faire assassiner tous les princes de la famille d'Osman et de proclamer la République (1) ! Naturellement les princes s'abstinrent de venir et Abdul-Hamid s'excusa. Le futur Sultan Rouge s'essayait avec succès dans l'art de gouverner d'après les régles établies dans *Le Prince.*

Malgré cet échec, Midhat Pacha ne désespéra pas, jus-

(1) Plus tard, dans le procès qu'il fit à Midhat, Abdul-Hamid renouvela dans l'acte d'accusation cette fable dont il dénatura la véritable origine.

qu'à la dernière heure, de contraindre Abdul-Hamid Effendi, dont les perfidies et les intrigues actuelles justifiaient et confirmaient la réputation, à reconnaître, avant son avènement, qu'il remplaçait provisoirement Mourad V, non qu'il lui succédait. Lorsque le 31 août Abdul-Hamid se rendit à la mosquée d'Eyoub pour recevoir l'investiture, le Cheikh Mevlevi de Koniah, Sultan Tchélébi Effendi, mandé pour la cérémonie, objecta que pour procéder à l'intronisation d'un nouveau Sultan, il fallait que l'autre fût déposé; que, suivant le Koran, un souverain ne peut être déposé qu'après un certain délai assez long pour permettre la constatation de son inaptitude à régner; que, cette prescription n'ayant pas été observée, il se refusait à octroyer l'investiture au trône, mais non une investiture pour la régence puisqu'aussi bien il n'avait été mandé qu'aux fins d'une régence. Alors Midhat eut une inspiration soudaine. Tirant profit de cette défense du Koran qui se présentait à lui comme une branche de salut, il rédigea incontinent un acte dans lequel Abdul-Hamid déclarait formellement qu'il ne se considérait que comme un régent, promettant de remettre le pouvoir à son frère aussitôt que celui-ci serait rétabli.

Abdul-Hamid voyait lui échapper inopinément, et sans retour, tout le bénéfice de ses intrigues, l'investiture du Cheikh Mevlevi de Koniah étant une condition que l'habitude a rendue indispensable à l'exercice légitime du pouvoir. Allait-il, en refusant la régence, s'exposer à ne pas occuper le trône? Pouvait-il, en présence d'un chef aussi autorisé de la religion, risquer de trahir son arrière-pensée en se refusant à signer un acte qui corroborait la théorie religieuse et de compromettre dans l'esprit du Cheikh de Koniah la bonne foi de celui qui allait commander aux Croyants? En ce moment de perplexité inouïe, mais qui devait être décisif, l'homme se recueillit en un suprême effort et pensa : « Une régence, c'est toujours bon à prendre. Un serment, on a tous les moyens de ne pas le tenir lorsqu'on dispose de la force ; Louis Napoléon n'avait-il pas juré, lui aussi, d'observer la Constitution ? »

Abdul-Hamid, la tête basse, signa et prêta serment.

Mais, ce jour-là, la perte de Midhat fut méditée.

III

POUR AFFERMIR L'USURPATION

Deux faits se dégagent lumineusement des circonstances qui ont amené Abdul-Hamid sur le trône : le premier, que l'abaissement de Mourad V est dû plutôt aux embarras intérieurs et extérieurs auxquels les ministres étaient forcés de mettre fin par l'établissement d'une autorité souveraine consciente, plutôt qu'à la seule maladie présumée incurable du Sultan, laquelle, en suivant son cours régulier, devait bientôt aboutir normalement à cette guérison annoncée par le premier rapport du médecin et tant redoutée par l'héritier présomptif Abdul-Hamid d'une part et, d'autre part, par la grande ennemie d'une Turquie réformée : la Russie. En second lieu, que ces deux complices qui avaient si bien machiné la chute de Mourad V ne devaient plus viser qu'à légitimer le nouveau règne par tous les moyens de force à défaut de tous les moyens de droit. C'était peu d'avoir vaincu, il fallait organiser la victoire et, comme toute illégalité appelle à son secours la coercition, il était nécessaire et urgent, coûte que coûte, au mépris de tout droit et de toute justice, de toutes les lois divines et humaines, par le fer, par le poison, par le crime, par l'assassinat en détail et en gros, d'imposer au peuple ottoman et à l'Europe la reconnaissance d'une souveraineté qui manquait de base légale, ayant puisé ses origines non dans la tradition et dans la légitimité, mais dans l'intrigue, dans le viol du droit et dans l'usurpation. En un mot, il était indispensable de sortir de l'illégitimité, pour entrer dans le droit par la force, puisqu'aussi bien la force est la condition première, la raison, la cause originelle du pouvoir des rois.

C'est dans cette préoccupation constante, la grande pensée du règne d'Abdul-Hamid, qu'il faut rechercher la clef des événements qui se sont déroulés en Turquie depuis vingt-deux ans et de la conduite de ce Sultan fatal envers les puissances, envers le parti libéral et envers son frère aîné, sur qui convergent toutes ses pensées d'usurpateur. Si Abdul-Hamid détenait le trône légitimement, toute sa politique serait d'un fou ou d'un imbécile. Or, il n'est ni l'un ni l'autre. Les tourments qui montent à l'assaut d'un esprit que l'usurpation rend méfiant et inquiet expliquent, au contraire, normalement, tous les actes politiques d'Abdul-Hamid, ses crimes et ses attentats contre son frère.

Une fois maître du pouvoir, nous allons donc voir Abdul-Hamid conformer sa conduite à ses terreurs avec une persévérance, une logique et une intelligence qui ne se démentiront pas un seul jour de son règne.

1° Tout d'abord, allant aux nécessités les plus urgentes, Abdul-Hamid s'ingénia à faire croire au monde que son frère, atteint en réalité d'une crise passagère, était irrémédiablement fou. A cet effet, le lendemain de son avènement, il ordonna qu'une Commission de médecins allât visiter Sultan Mourad et dressât un rapport sur sa maladie. Conduite par le Dr Mavroyeni, qui était le premier médecin d'Abdul-Hamid, la Commission se rendit au Palais de

Tchéragan ; mais l'impérial malade, dès qu'il aperçut ces hommes au seuil de sa chambre, les pria de se retirer. Venus en consultation et pour faire un rapport, les docteurs, sur l'insistance que mettait Mourad V à les congédier, s'en retournèrent sans accomplir leur mission.

Ici se pose une question qui serait insoluble dans l'hypothèse de la folie de Mourad V. Pourquoi Abdul-Hamid s'est-il contenté, avant d'accepter le pouvoir sur les instances des ministres, du rapport d'un médecin complaisant, inspiré alors par la raison d'État, et n'a-t-il pas exigé, à ce moment-là, une consultation de médecins? Apparemment parce qu'il appréhendait les conclusions auxquelles auraient abouti des hommes qui pouvaient encore juger en toute conscience et en pleine indépendance. Faite après qu'il se fut assuré le trône, cette consultation n'avait-elle pas les apparences d'une comédie, d'une feinte qui tendait à égarer l'opinion devenue, de ce fait, sympathique au frère cadet, qui se révélait un si brave homme? Le rapport des docteurs, guidés par le propre médecin d'Abdul-Hamid, pouvait-il décemment conclure en faveur du Sultan Mourad? C'eût été rouvrir la question de succession, provoquer ou admettre l'hypothèse d'un troisième coup d'État et compromettre enfin toute l'œuvre que l'usurpateur avait ourdie pour s'emparer du pouvoir. Or, on sait qu'Abdul-Hamid n'est rien moins qu'un naïf. Connaissant les hommes, sachant qu'ils se ploient devant le fait accompli avec une condescendance qui n'a d'excuse que leur lâcheté et la peur que leur inspire le pouvoir établi, il n'appréhendait rien d'une consultation qu'il savait d'avance conforme à ses désirs, peut-être à ses ordres. Quoi qu'il en soit, le rapport ne fut guère publié immédiatement, parce qu'il ne contenait rien de probant ; il ne vit le jour qu'un mois après, lorsque l'opinion habilement préparée à admettre comme incurable la maladie du Sultan

Mourad en réclama instamment la publication. Alors, la conscience du peuple s'endormit sur la réputation et sur la science des hommes qu'il n'avait aucune raison de tenir pour suspects. Ce premier succès encouragea l'usurpateur à commettre impunément de nouveaux méfaits.

2° Trois jours après l'avènement d'Abdul-Hamid, le personnel du Sultan Mourad, ses employés supérieurs et ses domestiques s'étant rendus, conformément aux usages, à la cérémonie du baise-mains, le nouveau souverain leur recommanda d'entourer son frère de tous les soins et de tout leur dévouement. Or, voici que, sur le point de retourner au Palais de leur maître, un ordre du Sultan vint leur enjoindre de ne plus rentrer à Tchéragan et d'avoir à réintégrer chacun sa maison. Abdul-Hamid, qui savait que son frère était en voie de guérison, se méfiait de ces mêmes gens qu'il venait d'exhorter au dévouement et dont la fidélité aurait pu aller jusqu'à publier la vérité sur l'état du malade le jour prochain de la guérison. Abdul-Hamid préludait au système de l'isolement, en attendant l'incarcération et la prison d'État.

3° Durant les premiers jours, le nouveau Sultan avait laissé ouvertes les portes de Tchéragan à la famille de Mourad V, à ses frères, à ses sœurs, à ses amis, qui avaient licence d'y entrer ou d'en sortir à leur gré. Il ne redoutait rien de ces visites d'où la famille impériale emportait, au contraire, la conviction que Mourad V était réellement malade et, leur aveu venant corroborer celui des amis privilégiés du prince, musulmans et chrétiens ayant l'oreille du public, contribuaient à propager et à confirmer tout ce qui se disait à Constantinople sur la folie présumée du Sultan Mourad. Mais toutes ces personnes, qui n'étaient pas médecins, ne pouvaient se douter du degré ou de l'importance de la maladie ; elles propageaient donc, malgré elles, une erreur qui servait les desseins d'Abdul-Hamid. Un jour, le

Sultan, changeant de résolution, prit subitement des mesures d'un autre ordre : les portes de Tchéragan furent fermées et l'entrée en fut sévèrement défendue à tout le monde ; le fils aîné de Mourad V, Sallah-Eddin-Effendi, qui était élève externe à l'École militaire, reçut l'ordre de cesser ses études et de n'avoir plus à quitter la maison de son père, sous aucun prétexte ; plusieurs employés, des vieux domestiques, la première dame de la Validé Sultane, Naksibinde Calfa, qui était au service de sa maîtresse depuis quarante-cinq ans, furent contraints, de force, à abandonner Tchéragan. Abdul-Hamid constitua à son frère, sous la direction d'un certain Moussa-Effendi, une garde spéciale qui, sous prétexte de le défendre contre des ennemis qu'il n'avait pas, devait, en réalité, l'enserrer peu à peu dans l'isolement et dans une étroite prison...

Pourquoi ces nouvelles rigueurs si Abdul-Hamid, qu'on tenait au courant des phases de la maladie, ne voyait venir avec terreur le jour prochain de la guérison, c'est-à-dire le jour prochain où il aurait à remettre à son frère, le Sultan légitime, les pouvoirs dont il n'avait été investi qu'à titre de régent?...

Ses craintes étaient montées à un tel diapason que, attribuant aux anciens serviteurs qu'il avait arrachés à son frère le bruit qui courait déjà sur le rétablissement du Sultan Mourad, il les fit incarcérer et, quelques jours plus tard, envoyer en exil dans l'intérieur de l'Asie et en Afrique.

C'était le régime de la terreur qui commençait et les actes arbitraires d'Abdul-Hamid allaient suivre la marche inverse des progrès de la guérison de son frère.

4° Sallah-Eddin, le fils aîné du Sultan Mourad, que son oncle avait contraint de cesser ses études à l'École militaire continuait de recevoir l'instruction religieuse d'un maître, Hodjà Moustapha Effendi, l'unique personne qui eût encore le droit de pénétrer dans Tchéragan, lorsqu'un jour, sans raison ni prétexte, l'entrée de la prison d'État fut interdite à ce professeur. Vingt-quatre heures après, Hodjà Moustapha était exilé. On conçoit que cet homme, qui fréquentait chaque jour le palais de Mourad V, étant à même de constater aujourd'hui le rétablissement du prince, demain sa guérison complète, devenait un témoin gênant et dangereux.

Ainsi, peu à peu, l'usurpateur faisait le vide dans la maison de son frère.

5° Nous avons dit que, lors des pourparlers pour la régence, le prince Abdul-Hamid avait promis aux ministres l'établissement d'une Constitution que ceux-ci avaient élaborée. Monté sur le trône, il ne put échapper à sa promesse, parce qu'il était encore sous la main des hommes qui lui avaient remis le pouvoir. Il décréta donc la Constitution, mais à son corps défendant, avec l'arrière-pensée de l'abolir à la première occasion. Deux raisons lui commandaient de se débarrasser de la Charte qu'on lui avait imposée comme une condition essentielle à sa nomination de régent et à laquelle il avait prêté, sur le Koran, un serment de fidélité : la première, qu'elle était une gêne à ses tendances au despotisme absolu et, la deuxième, parce que la Constitution déclarait la liberté personnelle inviolable. L'article 6 édictait, en outre : « La liberté des membres de la dynastie « impériale ottomane, leurs biens personnels, immobiliers et « mobiliers, leur liste civile pendant toute leur vie sont sous « la garantie de tous. » On conçoit que cet article gênât les projets secrets qu'Abdul-Hamid nourrissait contre son frère, dont il ne pouvait confisquer le trône définitivement qu'en lui confisquant définitivement aussi la liberté. Cet article de la Constitution était suspendu sur sa tête comme une menace perpétuelle. D'ailleurs, un parti se formait, à la Chambre des députés, qui réclamait la mise en liberté de Mourad V, qu'Abdul-Hamid détenait prisonnier d'État.

Pour échapper à ce danger, Abdul-Hamid, inaugurant un système dont il usera dans la suite avec un succès de plus en plus croissant, stipendia une certaine presse en Europe pour déconsidérer la Constitution et le régime constitutionnel en Turquie ; la presse vénale fut, par lui, encouragée à traîner dans la boue et le ridicule cet organisme nouveau qui, nous le prouverons ailleurs, donnait, au contraire, des résultats fort suffisants et très honorables.

Mais une autre raison plus impérieuse encore va le conduire à l'abolition de cette Constitution qui, si elle avait été appliquée normalement, aurait épargné à l'Europe les remords de sa complicité dans les crimes, dans les massacres qui vont souiller l'histoire de cette fin de siècle. Les événements de Bulgarie venaient de tendre les rapports entre la Russie et la Sublime Porte (elle existait en ce temps-là). Avec un peu d'habileté, les choses auraient pu s'arranger, Abdul-Hamid étant *persona grata* à la cour de Russie. Mais le Sultan, qui rapporte tout à soi, envisagea aussitôt les deux hypothèses de la victoire et de la défaite au point de vue de son intérêt personnel. Impopulaire, illégitime, il sentait que la victoire auréolerait son front du prestige dont il était dépourvu et que les peuples, reconnaissants, lui tresseraient des couronnes. Le succès justifie et légitime tout, même l'usurpation. Vaincu, il comptait sur le découragement général et le concours qui s'offrait déjà à lui « d'un tas d'hommes perdus de dettes et de crimes » pour organiser un gouvernement personnel fort et sans contrôle par l'exil, par l'assassinat et, au besoin, par les massacres en grand, avec l'autorisation prévue — on n'ose pas le dire — de son ennemie personnelle ? non, de l'ennemi d'une Turquie réformée. Il déclara donc à la Russie une guerre qui devait, quoi qu'il arrivât, affermir son usurpation.

6º Au début de cette guerre, Abdul-Hamid, enflammé d'une ardeur guerrière, promit de marcher à la tête de ses troupes, à l'instar de ses illustres prédécesseurs. Les Compagnies des bateaux à vapeur et des chemins de fer d'Andrinople luttèrent alors de zèle pour recevoir pompeusement l'illustre Sultan, le futur vainqueur, le Ghasi ! Chaque jour, les gazettes annonçaient son départ comme imminent ; mais, à la dernière heure, un contre-ordre venait leur apprendre que Sa Majesté différait ses projets. La nation turque, qui n'aime pas les lâches, habituée à voir ses Padichahs prendre, en temps de guerre, le commandement des armées et s'exposer courageusement au premier plan, murmurait et condamnait la pusillanimité du prince. A demeurer dans son palais, à l'abri, Abdul-Hamid risquait son prestige. Quelles raisons avait-il donc pour déroger à toutes les traditions? Comme Louis XIV sur les bords du Rhin, est-ce que sa grandeur attachait le Sultan sur le rivage du Bosphore? Mais la grandeur d'un souverain ottoman se mesure à son courage, non à la fonction et, pour les Turcs, les batailles de la guerre ont un tout autre prestige que les batailles de la politique. En allant au combat, Abdul-Hamid pouvait recueillir une popularité que toutes ses habiletés auraient été impuissantes à lui procurer dans la paix. Vainqueur ou vaincu, après avoir donné satisfaction à l'amour-propre national en payant de sa personne, il aurait consolidé son usurpation en sauvant son honneur. Quelle raison impérieuse contraignait donc le Sultan à rester à Constantinople et à perdre le bénéfice d'une gloire qui s'attache au courage guerrier? La peur. La peur de son frère (1).

(1) On peut objecter qu'avant Abdul-Hamid, d'autres Sultans ont dérogé à la glorieuse habitude de marcher à la bataille. Mais, du moins, ceux-là n'avaient pas fait annoncer par toutes les

Les rapports quotidiens de son grand-maître d'artillerie, grand maréchal du Palais, Mamoud Dama Pacha, lui annonçaient la guérison à vue d'œil du Sultan légitime. Si Abdul-Hamid partait à la guerre, la vérité, qu'il avait seul la puissance d'étouffer, se découvrirait pendant son absence et c'en était fait de son règne. De là ses hésitations à ne pas abandonner le Palais et, au risque de perdre une popularité qu'il espérait, d'ailleurs, imposer par la force, de s'affermir dans l'illégalité en dirigeant de Yildiz — on sait avec quelles inconséquences et quelles conséquences — les opérations de la guerre.

Si Mourad V était fou, il est à présumer qu'Abdul-Hamid, qui avait besoin de popularité et de prestige pour asseoir son usurpation, se serait fait un point d'honneur de prendre le commandement des troupes et qu'à la veille de son départ pour l'armée, il eût ouvert les portes de Tchéragan aux amis et aux parents qui eussent témoigné devant le peuple de la folie de Mourad V. Mais Sultan Mourad n'était pas fou et c'est ce qu'il fallait éviter de laisser paraître.

La guerre terminée, le Sultan illégitime chercha et trouva une nouvelle occasion d'exercer son esprit machiavélique au profit de ses desseins misérables d'usurpateur.

La Chambre des députés, la Constitution étaient un obstacle à la conclusion d'une paix honorable avec le vainqueur. Or, dans le honteux traité de San-Stéphano, Abdul-Hamid livrait à la Russie les provinces turques et jusqu'à l'honneur de la nation ottomane, à condition que la Russie, dans un traité secret, qui est encore valable, lui garantirait

voies de la publicité leur intention de se mettre à la tête des armées. La vérité est qu'Abdul-Hamid eut réellement l'intention de reprendre les bonnes traditions dans la pensée de se créer une popularité absente, mais qu'il en fut détourné par le souci de ne pas laisser le champ libre aux partisans du Sultan légitime contre l'Europe la possession paisible de sa couronne (1). Comment expliquer autrement qu'Abdul-Hamid se hâtât de consentir sans gloire, dans ce traité préliminaire de San-Stéphano, à cet abaissement de sa puissance et à une mutilation de l'Empire Ottoman qui n'était pas en rapport avec l'héroïsme déployé par les Turcs sur les champs de bataille? C'est qu'Abdul-Hamid, traître à son honneur, traître à la glorieuse mémoire des vaillants Empereurs ottomans, traître à sa patrie, mettait au-dessus de toute considération le salut de sa personne et la conservation d'une couronne qu'il avait ramassée dans l'intrigue en attendant qu'il l'affermît dans le sang ! Dans ce traité secret qu'il manigançait pendant que les pourparlers officiels étaient engagés à San-Stéphano, la Russie, l'ennemie d'une Turquie réformée, mais l'amie personnelle du Sultan, exigeait de son complice, en échange de la protection qu'elle garantissait à son trône, l'abolition de cette Constitution qui lui portait ombrage à elle-même. Sous prétexte, donc, qu'il avait la main forcée par le vainqueur, Abdul-Hamid prorogea les Chambres indéfiniment, sans toutefois oser abolir la Constitution, *qui reste toujours en vigueur*, et, du même coup, il obtint trois résultats décisifs : l'établissement d'une autorité sans contrôle, le pouvoir de tenir le Sultan légitime Mourad V en charte privée et, brochant sur le tout, la protection de la Russie légitimant et assurant contre les dangers intérieurs et extérieurs son usurpation (2).

(1) La crainte de la Russie est le commencement de la sagesse. Cet adage renouvelé de Salomon ne semble-t-il pas avoir guidé l'Europe dans sa lâche conduite et ne justifie-t-il pas les espérances que le Sultan avait fondées sur l'efficacité de ce traité secret?

(2) Est-ce en reconnaissance de cette tutelle bienfaisante que tous les vendredis, au Selamlik, les troupes turques défilent sous l'air de musique de l'École des Cadets russes?

Il faut reconnaître qu'Abdul-Hamid est un habile joueur ; mais nos regrets de patriotes s'accroissent à la pensée que tant d'intelligence se soit déployée pour le malheur de la Turquie.

⁂

Une fois garanti contre les entreprises qui auraient pu venir des puissances pour rétablir le Sultan légitime, Abdul-Hamid ne songea plus qu'à se garer plus étroitement contre les partisans, à l'intérieur, de Mourad V, dont la guérison complète, prévue par le premier rapport du médecin, s'était, nous allons le voir, opérée normalement. Il savait que le peuple, humilié par la défaite, prêtait l'oreille à tout ce qui transpirait de Tchéragan et qu'une récente aventure venait de confirmer les mécontents dans leurs doutes et dans leurs espérances. Deux hommes étaient parvenus à s'introduire dans la prison de Mourad V et en avaient rapporté des preuves matérielles de la santé d'esprit du Sultan légitime. C'étaient un de ses partisans les plus dévoués, Ali Chefkati, et Cleanthi Scalieri, l'ami de Péra, comme l'appelle le comte de Kératry.

Ces deux hommes avaient pénétré dans Tchéragan la nuit, par un aqueduc dont l'ouverture est située sur les hauteurs de Yildiz même et sous la conduite d'un serviteur du Sultan Mourad, qui était sorti de Tchéragan par la même voie. L'entreprise était périlleuse, certes, mais c'est le propre des grandes infortunes de réveiller les grands dévouements. Lorsqu'après trois heures de marche sur cette route liquide et incertaine, ils accédèrent auprès de l'impérial captif, Mourad V, qui attendait anxieusement leur arrivée, leur ouvrit ses bras et les embrassa. Ici, je laisse la parole au comte de Kératry, à qui Cléanthi Scalieri raconta cette entrevue, si touchante, où le Sultan prisonnier parle d'Abdul-Hamid sans haine, mais aussi sans crainte, avec une dignité tout impériale et une lucidité d'esprit qui dément la version de la folie qu'Abdul-Hamid ne cesse d'accréditer.

« Une fois entré, dit le comte de Kératry, en parlant de « Cléanthi Scaliéri, l'ami personnel de Mourad V, ce courtisan dévoué du malheur n'a pu sortir du palais, changé « en prison d'État, qu'après y être resté trois jours... Il « trouva le prétendu malade jouissant d'une parfaite santé « et ne portant plus aucune trace d'un dérangement mental. Il fut seulement frappé de voir combien, en si peu de « mois, les cheveux de l'interné s'étaient argentés. S'apercevant de son étonnement à cet égard, Mourad lui dit : « — Vous m'avez connu, il y a un an et demi, avec la tête « d'un jeune homme, vous me revoyez avec la tête d'un « vieillard. Vous vous imaginez peut-être que le phénomène s'est produit brusquement, comme chez Marie-« Antoinette, ou qu'il s'est développé graduellement par « les ennuis d'une longue réclusion. Il n'en est rien. Plusieurs mois avant la mort de mon oncle, j'avais déjà « quelques cheveux blancs et j'aurais voulu les conserver « comme dénotant une certaine maturité d'esprit, mais ma « mère ne fut pas du même avis. Dans les jours qui précédèrent mon accession au trône, elle apporta de Péra une « eau merveilleuse dont elle me frotta, à plusieurs reprises, toute la chevelure, qui redevint d'une couleur « égale et juvénile. Cette opération me fit immédiatement « éprouver de violentes migraines, attribuées par Capoléone à une cause différente, mais que le docteur Leidersdorf a déclaré être provenues du nitrate d'argent et « d'autres ingrédients nuisibles dont se composait la lotion. Le fait est que, depuis qu'on ne me teint plus le

« crâne, les douleurs que j'y ressentais ne me tourmentent « plus (1).

« Mon frère, a-t-il ajouté à son visiteur, n'a jamais com« pris la gravité de la situation de l'Empire. Il n'a pas lu « Shakespeare et ne s'est pas posé la question d'Hamlet : « *To be or no to be.* Voilà où nous en sommes, cependant ! « Abdul-Hamid n'a d'autre souci que d'empêcher Mou« rad V de remonter sur le trône. C'est cela qui l'empêche « de dormir et non les préoccupations de la guerre et le « salut de ses peuples. On lui exagère les victoires, on lui « cache les défaites... Tous ceux qui auraient pu rectifier « son jugement, il les a bannis, déportés, jetés dans la pri« son centrale de Stamboul !...

« Ici, Mourad fit une pause et demanda ensuite, avec « intérêt, ce que faisait Midhat en Europe, comment se « portait Kemal et où se trouvait le spirituel journaliste « Cassape, condamné à trois ans de détention, parmi les « voleurs et les assassins, pour un simple dessin qui repré« sentait Karagheuz enchaîné, avec l'inscription : La « liberté de la presse dans les limites de la loi. (*Suit une « conversation sur ce sujet.*)

(1) « Dans ce simple récit, ajoute le comte de Kératry, se trouve probablement l'origine première de la maladie de Mourad et la source de tous les malheurs qui ont fondu sur la Turquie.

« N'en déplaise à la théorie historique pour laquelle les causes futiles n'existent pas, ce sont, au contraire, ces causes qui, d'une manière occulte, agissent sans cesse dans le drame humain. Quelques gouttes d'eau répandues sur la reine Anne d'Angleterre ont mis fin à la guerre de sept ans ; une lotion capillaire a peut-être permis aux Russes de mettre le pied sur le Bosphore et de surprendre l'Europe endormie par l'énormité des faits accomplis. Si Mourad avait été obligé de subir la guerre, certes, il ne l'aurait pas dirigée comme Abdul-Hamid et les effets n'eussent pas été aussi désastreux. »

« Au vif désir exprimé par son interlocuteur de le voir « rétabli dans ses droits ou au moins rendu à la liberté, « Mourad répondit : C'est au peuple, qui m'a laissé enfer- « mer comme criminel, de venir briser mes chaînes. C'est « au peuple à déclarer si je dois reprendre mon règne inter- « rompu. J'attends ce jour que mes amis peuvent hâter. « D'ici là, je ne ferai aucune tentative pour me délivrer des « angoisses de la captivité, des ennuis de la solitude et « même des complots contre ma vie... »

Voilà l'homme qu'Abdul-Hamid fait proclamer insane, le frère que sa sollicitude de frère tient enfermé depuis vingt-deux ans dans une prison d'État. Après lui avoir ravi son trône qu'il a usurpé, on sait par quelles basses intrigues, il tente de lui ravir la raison. C'est logique ; la raison de Mourad V est la protestation vivante, éternelle, qui se dresse comme le spectre de Banquo devant sa propre raison d'usurpateur et ses rêves de régicide. Car, retrancher un vivant du monde des vivants, claustrer un roi, le souverain légitime de la nation, n'est-ce pas commettre un régicide? Et, lorsqu'il se prolonge pendant vingt-deux longues années, de quel nom appeler cet assassinat qui se perpétue d'heure en heure, de minute en minute, dans une agonie douloureuse et incessante !

Mourad V est fou : c'est une conviction que l'usurpateur est contraint, maintenant, de faire partager au monde, un *Credo* qu'il doit rendre universel s'il ne veut pas voir chanceler son trône sur des assises branlantes ; la folie de Mourad V, c'est la légitimation de son pouvoir ; pour assujettir sur sa tête la couronne qui se refuse à y garder l'équilibre, il n'est pas d'autre moyen que de proclamer — contre toute vérité — la folie du Sultan légitime. Abdul-Hamid, qui s'est élevé par le mensonge, est donc condamné à mentir perpétuellement ; mais, comme la vérité, qu'on nous passe l'expression, suinte par toutes les fentes des portes qui pèsent sur le prisonnier d'État, il va refouler la vérité dans son domaine en bouchant toutes les issues hermétiquement.

Désormais, l'histoire de la Turquie comptera dans ses annales un Masque de Fer.

Si, du moins, la substitution d'Abdul-Hamid au Sultan légitime avait donné à notre pays un Louis-le-Grand ! Oui, l'opinion, qui a devancé le jugement de l'histoire, a décoré, il est vrai, le maître de Yildiz de ce titre de Grand ; mais, comme d'un stigmate indélébile, elle a flétri, désormais, ce mot d'une épithète que ne méritèrent, sans doute, ni Néron, ni Caligula, ni Tamerlan, ni Pierre-le-Cruel : Abdul-Hamid le Grand Assassin !

Pour légitimer Caïn, Caïn armera la main du bourreau ; le billot et le gibet seront en permanence, ils fonctionneront comme un rouage de l'État, avec plus de régularité, plus de méthode, avec un esprit de suite et une logique dignes d'une cause plus humaine, avec, surtout, une lucidité d'esprit qui, dans les premières années, du moins, autorise à affirmer que, de tous les maux dont souffre l'Empire ottoman, Abdul-Hamid seul est responsable et personne autre.

Nous avons dit comment toute sa politique des premiers mois ne tendait qu'à affirmer son usurpation ; voici maintenant qu'il va essayer de la légitimer en appelant à son secours ce grand auxiliaire : le temps. Mais le temps ne se prête aux complicités que si l'on supprime les témoins de l'injustice et du crime : c'est à cette œuvre que Caïn va se vouer désormais.

Les témoins les plus importants, les plus dangereux, ceux qui pouvaient à tout moment lui rappeler qu'il ne détenait le trône que provisoirement et en qualité de Régent, d'après l'acte même qu'il avait signé le jour de sa prise du pouvoir, c'était Midhat Pacha, dont il ne pouvait se résoudre à oublier l'opposition et les méfiances ; c'étaient Hussein Avni, le ministre de la Guerre, dont l'ambition lui portait ombrage, le Grand Vizir Rujdi Mehemed Pacha, celui-là même qui s'était fait son avocat au sein du ministère et auquel l'attachait le fardeau de la reconnaissance... lourd fardeau. C'étaient Hairoullah Effendi, le Scheikh-ul-Islam, le chef de la religion, Sadik Pacha, Savfet Pacha... Ils étaient dix, vingt, cent, car la vérité se propageait parmi tous les hauts fonctionnaires de l'Empire qu'Abdul-Hamid avait signé un acte de régence, qu'il n'était pas définitivement élu au Sultanat, en tout cas, qu'il ne l'était pas régulièrement, puisque le Cheikh de Koniah n'avait procédé qu'à une régence, non à une intronisation. Ils étaient dix, vingt, cent ; ils seront bientôt mille et plus. Qu'importe le nombre ! on a vu par les massacres d'Arméniens qu'Abdul-Hamid ne se laisse pas rebuter dans ses desseins par le nombre des crimes à commettre.

Au début de son règne, il s'essaye dans la qualité de ses victimes. Le 5 février 1877, Midhat Pacha, appelé au Palais, est arrêté, jugé par trois hommes de l'entourage du Sultan et embarqué incontinent pour la terre d'exil sur le bateau « Izzedin », qu'on avait fait chauffer à toute vapeur avant même l'arrestation du chef du parti libéral. Hussein Avni fut assassiné, on sait dans quelles circonstances, mais on ne saura jamais armé par quelle main criminelle. Le Grand Vizir, Rujdi Mehmed Pacha, fut exilé à Aïdin ; Haïroullah Effendi, le chef de la religion, fut relégué en Arabie. Un général Mehmed Ali Pacha fut assassiné en Albanie dans des circonstances qu'Abdul-Hamid n'a pas eu la curiosité de faire rechercher ; un autre général Kahréman fut assassiné à Zindjirli-Kouyou par un certain Véli Mehmed qui, après s'être évadé de prison, ne craignit pas d'avouer son crime et de dire qu'il l'avait exécuté par ordre supérieur, sans qu'il fût pour cela inquiété.

Nous ne rapporterons ici ni l'histoire de Sadyk Pacha, plusieurs fois ministre des Finances, Grand Vizir, un des plus renommés et des plus honnêtes financiers musulmans, exilé à Lemnos et tenu prisonnier dans ses appartements, ni celle des personnages qui, pour n'être pas des fonctionnaires de l'État, n'avaient pas moins l'autorité que confèrent le prestige et le talent, tels que Ali Chefkati, qui publiait, en Suisse, un journal turc, l'*Istikbal* (*L'Avenir*), condamné par défaut à un exil perpétuel et à la confiscation de ses biens ; Kémal bey, membre du Conseil d'État, un des hommes les plus libéraux de Turquie, dont l'éloquence était fort redoutée de l'usurpateur, mis au secret, accusé de haute trahison, acquitté, mais, néanmoins relégué par Abdul-Hamid dans l'île de Metelin. L'énumération serait longue et fastidieuse des dénis de justice et des crimes du Sultan et le lecteur aurait plus d'ennui à les entendre qu'Abdul-Hamid n'en a éprouvé à les accomplir.

Mais qu'il nous soit permis de saluer ici, en passant, les deux martyrs qui ont expié dans le plus épouvantable supplice leur amour de la justice et de l'égalité, nos précurseurs et nos maîtres Damad Mahmoud Pacha, le gendre du Sultan Medjid, plusieurs fois ministre, et Midhat Pacha, tous deux exilés à Taïf, en Arabie. Comme la vie de ces deux hommes se prolongeait trop longtemps au gré du maître de Yildiz, sans respect pour la terre sainte où Mahomet avait prêché la justice et l'égalité, Abdul-Hamid ordonna, après plusieurs tentatives par le poison, restées infructueuses, qu'on le délivrât, par la violence, de ces deux grands ennemis du despotisme. La mort de Damad Mahmoud, raconte un témoin oculaire de la scène, fut le plus inouï et le plus déchirant des spectacles. Doué d'une force herculéenne devenue proverbiale, il fut surpris, la nuit, dans son sommeil, par les assassins, qui lui jetèrent au cou une corde savonnée ; et, comme la victime, d'une énergie indomptable, se débattait furieusement, les hommes d'Abdul-Hamid lui pressèrent les organes sensibles « avec une férocité telle, dit ce témoin, que les déchirants appels au secours de Mahmoud firent tressaillir les bêtes des environs ». Son compagnon d'infortune fut assassiné avec moins de cruauté, ayant opposé moins de résistance. Quelques jours plus tard, un émissaire partait pour Constantinople en emportant une jolie petite boîte destinée à S. M. I. le Sultan. Elle portait l'inscription suivante :

IVOIRES JAPONAIS
OBJETS D'ART
pour S. M. I. le Sultan

C'était la tête de Mahmoud et celle de Midhat Pachas (1).

A la vérité, tous ces faits paraîtraient invraisemblables et rapportés des jours les plus lugubres de l'histoire des temps passés si d'autres crimes, d'autres assassinats

(1) Quand le colis funèbre arriva à Port-Saïd, les autorités l'arrêtèrent à la douane et se livrèrent à une enquête. Il ne fallut rien moins qu'une démarche pressante du Sultan auprès du Khédive d'Égypte Tewfik Pacha, pour arrêter l'instruction commencée et autoriser le colis à franchir la frontière. A la réception de la jolie boîte, Abdul-Hamid dégagea, de ses propres mains les deux têtes sanguinolentes qui se perdaient dans une enveloppe de son, de sable et de paille, et, lorsqu'il en reconnut l'authenticité, il poussa un soupir de contentement et de délivrance.

Le gouverneur de Hédgaz, de qui relevait Taïf, était alors Osman Nouri Pacha, devenu, depuis, en récompense de ses sern'étaient venus, depuis, remplir l'univers incrédule de la clameur de trois cent mille victimes égorgées officiellement !

Et pourtant, la disparition de Midhat Pacha qui détenait le secret de son usurpation, aurait dû tranquilliser Abdul-Hamid pour l'avenir. Mais le voleur ou l'assassin, lorsqu'ils ne sont pas traqués par les remords de leur conscience, vont tout naturellement à d'autres crimes, comme pour s'envelopper d'une atmosphère morale qu'ils créent à leur usage et dont, malheureusement, une certaine humanité, prompte à se ruer aux honneurs et à la fortune par toutes les voies, même si elles sont sillonnées de boue et de sang, s'enveloppe, elle aussi, pour légitimer ses acquisitions et ses rapines. Et, plus le nombre des complices tacites augmente, plus s'élève celui des victimes, car chacun, ayant quelque chose à conserver, s'ingénie à faire disparaître le témoin de ses infamies. Voilà comment s'expliquent les noyades par centaines de Jeunes ou Vieux Turcs étranglés dans les prisons ou immergés dans la mer de Marmara, quand tout dort dans la ville lointaine, la nuit, sous l'œil étonné des étoiles qui se racontent avec effroi la barbarie des hommes de notre pauvre globe terrestre. Combien ont péri ainsi? Seuls, les requins qui hantent ces parages et dont les troupeaux ont augmenté

vices, aide-de-camp d'Abdul-Hamid et grand maréchal. Il ne faut pas confondre cet Osman Pacha avec Ghazi Osman Pacha, le héros de Plewna.

Osman Nouri avait fait croire au sergent qu'il avait chargé du sort de Midhat, que ce dernier était un ennemi de l'Empire et que celui qui en débarrasserait le khalife accomplirait une action patriotique. Ce malheureux, venu à Constantinople après son forfait, ayant appris quel homme était sa victime et la grandeur du crime qu'on lui avait fait commettre, fut frappé soudainement d'aliénation mentale. Aujourd'hui, ce pauvre fou habite sur la ligne d'Anatolie une maison que lui a donnée le Sultan.

ces années dernières en ont fait le compte, car les parents des victimes, sous peine de subir le même sort, sont condamnés à refouler leurs larmes et à sourire à leurs bourreaux.

Ah ! si ce pauvre Sultan Mourad pouvait se douter comment son frère gouverne ce peuple dont il rêvait d'être le père généreux, quels que soient les instincts qui enchaînent l'homme à la vie, il souhaiterait mille fois de mourir pour mettre un terme aux assassinats perpétuels commis au nom de cette raison d'État qui fait une si victorieuse concurrence à la raison humaine ! Mais il vit et il ignore. Et Abdul-Hamid se prévaut de sa peur pour continuer d'assujettir avec des cadavres les pieds de ce trône qui s'ébranle orsqu'il essaye, chaque jour, de s'y asseoir et de s'y reposer.

On dit qu'un oracle — il en existe encore en Turquie — avait prédit à Mourad enfant la maladie qui le frapperait à son avènement au trône, le règne de son frère, sa propre incarcération et son retour. Abdul-Hamid, qui ne croit à rien, pas même à Dieu, croit aux oracles et à la magie noire. Il n'ose pas faire assassiner son frère parce que des sentons venus d'Arabie et qu'il entretient à grands frais au Palais lui ont signifié que la mort de Sultan Mourad lui serait funeste et marquerait ses derniers jours. Abdul-Hamid se voit donc condamné à respecter la vie du Sultan légitime, que beaucoup croient mort depuis longtemps, en Europe, parce que nul n'en parle, et nul n'en parle plus parce que une injustice qui se perpétue émousse, à la longue, les indignations dont nous sommes capables.

IV

MOURAD V N'EST PAS FOU

Sultan Mourad vit encore, ce n'est pas contestable.

Dans l'histoire de l'Empire ottoman, où le crime occupe une place aussi large que dans n'importe quelle histoire d'un État européen, il n'est pas d'exemple d'un souverain, même assassiné par un compétiteur, qui ait été privé de funérailles publiques et enterré secrètement. Or, jamais le décès du Sultan Mourad n'a été annoncé au monde, ni aux chancelleries, conformément aux protocoles et aux bons rapports entre des puissances qui ne sont pas en guerre, ni au peuple turc. D'ailleurs, les usages religieux, en Turquie, à défaut d'une loi écrite, exigent que l'on publie le trépas des Commandeurs des Croyants. Une infraction à ces usages produirait dans les mosquées un soulèvement qui s'étendrait vite à la rue.

Mais, sans tenir compte des prédictions de ses sentons sur les conséquences que pourraient avoir pour lui-même la mort de Mourad V, il est de l'intérêt d'Abdul-Hamid que son frère vive, car le trépas du prisonnier, alors même qu'il serait naturel, ne pourrait soulever contre l'usurpateur que des commentaires malveillants. Si Mourad V mourait assassiné ou empoisonné, l'opinion publique que le passé d'Abdul-Hamid a préparée à recevoir la version d'un fratricide probable, l'opinion du monde religieux surtout, qui, seul, en impose aux souverains ottomans, sauraient lui commander une enquête à laquelle l'hôte d'Yildiz ne pourrait se soustraire sous peine de paraître esquiver une responsabilité et une complicité réelles. Lui-même n'a-t-il pas fait procéder, sur la mort du Sultan Abdul-Aziz, à une enquête qui a conclu à un assassinat? (1)

Ces divers scrupules d'Abdul-Hamid constituent donc, pour le prisonnier d'État, la plus grande et la plus sûre ga-

(1) Si, par hasard, on venait annoncer aujourd'hui, officiellement, la mort de Mourad V, n'y aurait-il pas, dans cette mort qui suivrait notre publication en faveur du Sultan légitime, une coïncidence regrettable pour l'honneur et l'innocence de l'usurpateur, son frère?

Au surplus, pourquoi ne pas dire tout ce que nous savons? A la suite d'une campagne menée dans le *Mechveret*, l'organe du parti Jeune-Turc, et dans laquelle nous ramenions l'attention, depuis longtemps égarée, du monde entier sur Mourad V, prisonnier d'État, Abdul-Hamid, qui ne voit partout que complots et conspirations, eut un accès de rage. Surmontant la crainte dans laquelle l'entretiennent ses sentons de ne pas survivre à son frère, il fit venir le Cheikh-ul-Islam (chef de la religion) Djemal-Eddin Effendi et lui demanda si la raison d'État ne l'autorisait pas, vu la campagne qui s'annonçait pour rétablir Mourad V sur le trône, à faire tuer son frère, « pour assurer la paix du monde », selon une ancienne formule. Le Cheikh-ul-Islam, faisant revivre une vieille coutume, qu'avait abolie Abdul-Hamid Ier, répondit par l'affirmative. Mais, toute sentence ou *fetwa* du chef de la religion n'a son plein effet que si elle est contresignée par le Kasi-Asker (chef de la justice militaire) et par le Fetwa Eminé (confirmateur officiel des fetwas). Ces deux hauts personnages, qui jouissent de la plus grande autorité dans l'Empire, plus courageux et plus indépendants que le Cheikh-ul-Islam, opposèrent à Abdul-Hamid un refus

rantie de salut. Au surplus, mort ou fou, qu'importe à l'usurpateur, pourvu que Mourad V soit hors d'état de lui nuire et impuissant à lui reprendre la couronne. Mort ou fou, l'une ou l'autre hypothèse ne légitime-t-elle pas le pouvoir de l'actuel souverain de l'Empire? Pourquoi s'exposer à une accusation d'assassinat qui n'irait pas sans des suites fâcheuses pour son trône, peut-être pour sa vie, lorsqu'une rigoureuse incarcération mène au même résultat? C'est donc à faire accréditer la folie du Sultan légitime et surtout à prévenir tout contrôle à son affirmation qu'Abdul-

catégorique : « Prenez nos biens, notre vie, lui dirent-ils ; mais jamais nous ne consentirons à nous rendre complices d'un crime que réprouvent la justice et la religion. » Comme ils quittaient la chambre du Sultan, que cette réponse avait exaspéré, un courtisan traita d'imbécile le Fetwa Eminé, lequel lui répliqua : « J'aime mieux être imbécile que criminel. »

On nous a objecté que rien n'empêche Abdul-Hamid de ne pas tenir compte de l'opposition de ces deux hauts personnages de l'Empire et de faire tuer son frère. Mais, outre que l'entreprise, aujourd'hui éventée, serait dangereuse, n'ayant pas reçu la sanction légale de deux hauts dignitaires qui pourraient témoigner du fratricide, nos amis du Palais, de qui nous avons appris la tentative du Sultan, nous ont certifié que le coupable dessein d'Abdul-Hamid ayant été connu dans les ambassades, l'hôte de Yildiz n'osera pas assumer, aux yeux du monde, la responsabilité d'un crime qui, désormais, ne serait imputable qu'à lui seul.

Mais comment expliquer que le Cheikh-ul-Islam ait consenti à émettre un avis favorable? Cette condescendance de Djemal-Eddin Effendi n'étonnera pas ceux qui savent que l'actuel Cheikh-ul-Islam est une créature du Sultan. Abdul-Hamid ne peut pas oublier que son oncle fut détrôné par un *fetwa* du chef de la religion. Instruit par l'expérience, il a élevé au Cheikh-ul-Islamat un homme inoffensif et tout à la dévotion, que, par surcroît de précaution, il tient enfermé non loin du Palais et à l'abri de toute communication avec l'extérieur.

Hamid va employer les ressources de son génie inquiet et malfaisant.

***

Les voyageurs qui ont visité le Bosphore, ce terrestre Empyrée où l'on va de découvertes en émerveillements et qui réalise les plus luxuriantes conceptions du *Paradis* de Dante, ont remarqué qu'arrivé à la hauteur de Tchéragan, le bateau qui, jusque-là, suivait doucement la côte, vire soudain et prend le large à toute vitesse. Ceux qui ne savent pas, surpris de ce changement imprévu de direction, demandent, interrogent, veulent savoir ; mais nul ne leur répond ; car ceux qui savent, crainte ou méfiance, baissent la tête et se détournent : ils ne veulent pas se souvenir. Et, si l'on questionne le conducteur sur cette manœuvre et sur l'inquiétude qui vient de se répandre dans tout le rayon de Tchéragan, il répond invariablement : Yassak (*Défendu*).

Il est défendu de passer devant Tchéragan ; il est défendu, sous peine d'être signalé comme suspect, d'arrêter ses regards sur ce palais de marbre, au dehors tout blanc, au dedans tout noir.

C'est là, chuchote la conscience populaire.

C'est là, au centre même de ce Paradis terrestre, qu'Abdul-Hamid a, comme par une diabolique ironie, établi un des cercles de l'Enfer à l'usage de son frère aîné.

C'est là que Sultan Mourad, après quelques déplacements nocturnes destinés à déjouer les complots, vient échouer invariablement depuis vingt-deux ans ! Et, dans une chambre hermétiquement close, loin de la mer et loin de la rue, entre deux muets du sérail, il est condamné là, depuis vingt-deux ans, à l'horrible supplice du silence.

Jadis — c'est bien : jadis, que doit penser ce prisonnier

qui compte les années pour des siècles — jadis, dans les premières semaines de sa maladie, son bon frère l'autorisait à recevoir la visite de sa mère, de sa femme, de ses enfants, de quelques intimes. Il avait la jouissance d'un pavillon et d'un jardin tout fleuri, peuplé d'arbres.

Dans les jours de lucidité qui se faisaient de plus en plus nombreux, il disait qu'il renoncerait très volontiers au trône pour passer dans cette retraite le reste de ses jours parmi sa famille et ses amis et que Dieu ne lui avait fait goûter du pouvoir que pour lui faire mieux apprécier les charmes de la vie modeste et simple. Mais son bonheur ne fut pas de longue durée. Bientôt, Abdul-Hamid fit défense, un jour à sa mère, un autre jour à ses enfants et à sa femme, enfin à ses amis de franchir la maison de Mourad, et, à chaque interdiction nouvelle, le Sultan légitime comprenait qu'il venait de faire une nouvelle étape vers la guérison.

Il lui restait son jardin et ses arbres auxquels il pouvait raconter sa misère et sa peine. Mais l'usurpateur, méfiant et ombrageux, médita de soustraire son frère à l'amitié de ses derniers amis. Il hésitait encore par un reste de scrupule — les plus grands malfaiteurs ne parviennent jamais à étouffer le germe d'humanité qui sommeille dans leur cœur — lorsqu'un événement redoutable le décida. Un homme, Ali-Suavi (1), un des amis congédiés qui savait la définitive guérison du légitime souverain de la nation, effrayé des ravages que la politique d'Abdul-Hamid avait causés dans l'Empire et surtout dans les consciences, résolut de sauver son pays

(1) Ali-Suavi, qui appartenait au corps religieux des ulémas, était un des plus illustres savants de l'Empire ottoman. Disciple et ami de Le Play, il vécut longtemps, en Europe, dans l'intimité de tous les grands hommes libéraux de France et d'Angleterre.

par une entreprise dont la témérité n'avait d'égale que la grandeur du sacrifice qui allait s'accomplir. Un jour, en plein midi, lui et trois cents compagnons aussi décidés que lui firent irruption dans le Palais de Tchéragan, résolus à arracher Mourad V à sa geôle et à le montrer au peuple pour que le peuple jugeât et fît justice des mensonges de l'usurpateur. Malheureusement, ils n'avaient pas plutôt pénétré sous le péristyle du Palais que, à l'appel d'un Hassan Pacha qui jeta l'alarme, des milliers de soldats, accourus de tous les coins de Tchéragan, où ils étaient cachés en permanence, s'abattirent comme une nuée sur ces braves. Surpris par le vacarme et le bruit du combat, Mourad V, décrochant à une panoplie un sabre à la garde d'or tout incrustée de diamants, se précipita de sa chambre et se montra aux hommes qui allaient mourir pour lui. Lorsqu'ils l'aperçurent au haut des marches de l'escalier d'honneur, debout, en posture de défense contre les soldats d'Abdul-Hamid, ses partisans, qui commençaient à fléchir sous le nombre, redoublèrent de courage et disputèrent avec un acharnement inouï la conquête de cet escalier d'honneur aux hommes que Hassan Pacha animait par des promesses de récompenses. Mais, malgré ses exhortations et ses cris, les soldats d'Abdul-Hamid n'eurent pas le courage d'affronter celui que, tous, ils considéraient comme leur Sultan légitime ; alors, leur chef, moins scrupuleux et plus perfide, se fraya un chemin parmi ses hommes, gravit les marches, l'épée dirigée sur la poitrine de l'Empereur. Et ce fut un spectacle digne des épopées les plus héroïques de voir ce combat singulier engagé sur les marches d'un vaste escalier de marbre entre un misérable décidé à l'assassinat, qui, à chacune de ses défaites, exhalait sa rage dans une bordée d'injures, et l'Empereur résolu à défendre sa vie sans intention de tuer, courageux à la manière des hommes qui sont bons, calme, parant un à un les coups de son adversaire dont l'épée faisait de larges entailles à ses bottes, à ses vêtements, impuissant à atteindre son corps. Et, dans le tournoiement de son sabre à la poignée d'or incrustée de diamants, l'Empereur apparaissait aux combattants émerveillés comme un héros des légendes nationales. Ravis d'admiration, les soldats d'Abdul-Hamid eux-mêmes, qui sont avant tout des soldats turcs, c'est-à-dire des fanatiques du courage, firent de leur corps un rempart à celui qui venait de porter si haut sous leurs yeux la réputation de bravoure dont les premiers Turcs avaient récompensé la maison d'Osman par le sceptre et par le khalifat !

Mais, s'ils se départirent en faveur du Sultan légitime de leur consigne de soldats, ils n'eurent pas le courage de se soustraire au mot d'ordre de leur chef contre les assaillants. Malgré leur héroïsme désespéré, les partisans de Mourad V, accablés par les renforts qui surgissaient à chaque minute de toutes parts, succombèrent et périrent jusqu'au dernier, sous les yeux de leur Empereur bien-aimé, victimes de leur dévouement, comme Léonidas et ses trois cents braves (1).

Témoin du courage qu'avait déployé Mourad V, un aide-de-camp d'Abdul-Hamid, Mahmoud bey, émerveillé, ne put se retenir de tomber aux genoux de l'homme qui avait mérité tant d'amour et tant de sacrifices. Revenu

(1) Hassam Pacha, nommé général de division après cet exploit, est aujourd'hui commandant de l'arrondissement de Bechilk-Tache, où se trouve le palais de Tchéragan. Il a été constitué le gardien de Mourad V, de qui il répond sur sa tête. Ses actes ne subissent le contrôle d'aucune autorité, d'aucun ministère : il ne relève que d'Abdul-Hamid. Aussi, les Jeunes-Turcs dont il s'empare, contre toute justice et tout droit sortent de ses mains — lorsqu'ils ne sont pas jetés au fond du Bosphore — mutilés, torturés dans leurs organes sensibles.

auprès d'Abdul-Hamid, il lui conta toute l'aventure et comme son frère était apparu vaillant et sain d'esprit à ses partisans. Tous étaient morts emportant avec eux le secret que leur entreprise venait de confirmer. Mais cela ne rassura pas Abdul-Hamid. Tant qu'un homme, fût-il son propre aide-de-camp, pouvait témoigner de la santé d'esprit de son frère, il ne se croyait pas rassuré. Il fit donc jeter en prison, puis exiler dans une enceinte fortifiée le dernier témoin de la justice et du droit violés, Mahmoud bey, coupable d'avoir vu et d'avoir entendu.

Quant au malheureux Mourad, coupable, lui, d'être sain d'esprit, il fut pour toujours, et sans appel, relégué loin des humains et loin de la lumière, dans une chambre noire, avec, pour compagnons, deux eunuques noirs dont les yeux qui flamboient dans l'obscurité sont braqués sur lui comme deux dards enflammés et menaçants.

Dans les jardins de Tchéragan, jadis si fleuris et si vivants, les ronces, la mousse et les herbes folles ont envahi les parterres et les allées ; le lierre et la ruine des cimetières grimpés sur les murs du Palais ont atteint jusqu'au toit et, complices bienveillants des desseins d'Abdul-Hamid, ils ont recouvert d'un triple ombrage les fenêtres de la chambre du captif.

Voué à une éternelle nuit et à la société de deux eunuques, Sultan Mourad, songeant aux temps où, convalescent, il se promenait librement dans les avenues de son jardin parmi sa famille et ses amis, regrette chaque jour d'avoir trop tôt recouvré la raison.

Mais un autre le déplore aussi sincèrement que lui, sans doute, et, pour corriger la vérité qui lui serait fatale, il emploie toutes les ressources de son intelligence — et de l'Empire — à fortifier une conviction artificielle, que démentent, on le verra, toute sa politique extérieure et intérieure et les mesures de coercition dont il ne se départ pas un seul jour contre son frère et contre toute la famille impériale, depuis vingt-deux ans.

Si le Sultan légitime est fou, comme le prétend Abdul-Hamid, pourquoi, depuis vingt-deux ans, son frère ne l'a-t-il pas livré à l'examen d'une Commission de médecins européens dont l'honorabilité et la science seraient une garantie de sa bonne foi? Nous disons une Commission de médecins européens, car, quels que soient le savoir et l'honorabilité des médecins de Constantinople, nous savons, par l'exemple du docteur Castro, un noble vieillard que nous avons connu jadis, forcé de s'exiler pour avoir osé, dans l'enquête sur la mort du Sultan Abdul-Aziz, émettre une opinion qui n'était pas conforme aux désirs d'Abdul-Hamid, que les médecins de Turquie ne seraient pas dans les conditions normales qui autorisent à exprimer librement une opinion motivée. Ah ! oui, Abdul-Hamid peut nous opposer le fameux rapport qui fut livré aux ministres, sur leurs instances et pour cause de raison d'État, par un médecin, celui-là même qui, trois jours auparavant, avait promis à la mère du Sultan Mourad, dans un rapport aussi, de guérir son fils en moins de trois mois ! A ce moment-là, Sultan Mourad, en effet, était sous le coup d'un ébranlement nerveux. Mais, quelques semaines après, il était guéri, définitivement guéri, ainsi que l'avait prédit ce même médecin avant qu'il ne se rendît lui-même à cette fameuse raison d'État, subversive de toute justice et protectrice de tous les crimes. Comment? Sultan Mourad est fou ; il a, sans doute, des crises nerveuses qui exigent une médication, un régime, l'assistance d'un docteur, d'un garde-malade, d'un aide, d'un surveillant, et on lui donne... deux eunuques ! On lui enlève sa mère, sa femme, ses enfants, ses amis, son propre docteur et on le flanque de deux muets venus du Soudan qui n'entendent pas le turc, incapables de comprendre ni d'exécuter la moindre volonté ou le moindre désir de l'Empereur ! Sultan Mourad est fou, partant inoffensif, du moins comme aspirant à récupérer le trône ; pourquoi donc ne le laisserait-on pas aller et venir librement dans son palais, dans ses jardins et partout où il lui plairait? Tout le monde pourrait se convaincre de la vérité et Abdul-Hamid n'aurait pas à subir le doute et la calomnie qui déshonorent son trône et son règne. Si Sultan Mourad est fou, pourquoi tant de rigueur et cette incarcération obstinée, pourquoi ordonner aux caïqs, aux bateaux, aux navires de toute sorte de prendre le large lorsqu'ils sont parvenus dans le rayon du Palais de Tchéragan? (1) Ceux qui feraient évader un fou en seraient pour leur courte honte.

Si le Sultan Mourad est fou, n'aurait-il pas été, ne serait-il pas plus simple d'ouvrir à quelques amis les portes de Tchéragan et de leur dire : « Voyez, examinez, jugez, mon malheureux frère est fou, incurable ; déplorez avec moi ce grand malheur qui s'est abattu sur la race d'Osman. » Ce faisant, Abdul-Hamid aurait converti les plus endurcis et les partisans du Sultan légitime n'auraient jamais entrepris avec Ali-Suavi Pacha cette expédition qui coûta la vie à trois cents braves, sans aucun profit pour la dignité et pour la bonne renommée d'un souverain ottoman et pour le peuple ottoman lui-même. La vérité, on le devine, est que Sultan Mourad a toute sa raison et, s'il faut une preuve

(1) Cet ordre, qui pouvait se justifier lorsqu'Abdul-Aziz habitait le Palais de Tchéragan, n'aurait plus de raison depuis qu'Abdul-Hamid demeure sur la colline de Yildiz-Kiosque si, en réalité, Mourad V n'était détenu dans une dépendance de ce même Tchéragan.

matérielle pour corroborer notre affirmation, voici une lettre qu'il envoyait à Abdul-Hamid au lendemain de la guerre turco-russe et dont il avait confié une copie à Cléanthi Scalieri, son ami :

Lettre du Sultan Mourad a son frère Abdul-Hamid

Vous ne m'avez encore rien répondu touchant la demande que je vous ai faite au sujet de la sépulture de ma petite fille, qui a vu la lumière il y a déjà quatre mois.

Hélas ! le corps de l'enfant infortunée gît sans sépulture.

A quoi dois-je attribuer votre conduite envers moi ? A votre miséricorde, à vos sentiments humains, à votre affection fraternelle, ou bien à mon destin ?

Mon frère, revenez à vous-même et foulez aux pieds vos tendances mauvaises.

Le cadavre saignant de la nation qui est tombée sur le champ de bataille après avoir combattu vaillamment est gisant sous vos pieds comme la dépouille d'un héros martyr.

Le trône glorieux d'Osman, que nos ancêtres nous ont légué grand et omnipotent après des sacrifices et des luttes sans nombre s'écroule, et vous, sur cette terre temporaire, comme si vous eussiez été poussé par une main de fer, vous êtes incapable de vous dérober à la tentation de l'ambition, du dépit et de l'animosité. L'histoire est là pour vous apprendre que les compétitions personnelles pour le trône sont du domaine du passé et que le siècle actuel les condamne et les flétrit.

Si vous vouliez bien étudier, avec un esprit de justice, ma conduite affectueuse envers vous depuis le temps de notre enfance, vous seriez forcé de reconnaître que je n'ai jamais été touché du démon de l'ambition. Il est vrai, parfois, j'ai souhaité — bien faiblement — les honneurs et le pouvoir, mais ce fut toujours, comme ce serait encore, pour la prospérité et la gloire du trône et de la patrie.

Les épreuves que je viens d'endurer ont anéanti mon rêve le plus ardent ; néanmoins, si vous l'aviez réalisé vous-même, mes vœux auraient été exaucés et j'aurais considéré votre succès comme ma propre gloire.

Les malheurs incessants que subit notre nation navrent mon cœur ; puisqu'ils ne produisent sur le vôtre aucune impression, qu'ils vous rappellent, au moins, les dangers imminents auxquels nos échecs exposent notre famille et nos tendres sujets dont l'existence et l'avenir relèvent de votre conduite et de votre politique.

Mon frère, connaissez-vous vous-même. Soyez juste et rachetez par des actes vertueux l'affection et le contentement des peuples. La conscience est inviolable, supérieure même à la force, supérieure aux énergies les plus indomptables de qui que ce soit, fût-il le plus grand roi, qui tenterait de la supprimer.

Mon frère, n'ayez pas peur de moi. Si vous régnez en juste, moi, pour le salut et le bonheur de la nation que je considère sacrée, je suis prêt à me soumettre à vous et à vous servir.

Hélas ! je sais d'avance que mes conseils échoueront devant votre incommensurable ambition et votre arbitraire égoïsme, mais je vous prie de ne pas chasser de votre souvenir l'abnégation d'un de nos ancêtres, Allah-ed-din de bonne mémoire, dont je m'estime heureux de posséder cette vertu.

Mon frère, pour l'amour de Dieu, n'humiliez pas et ne souillez pas le nom de votre famille dans l'histoire.

Les soi-disant fidèles qui vous entourent et vous flattent ne poursuivent rien moins que votre ruine et la mienne, la perte de notre famille entière, de notre nation, de notre patrie.

Mon frère, sortez des ténèbres qui vous environnent...

Je sais bien que mes exhortations ne sauront vous émouvoir et je crains qu'elles ne me deviennent fatales à moi-

même. N'importe. Le tribut que je dois à ma patrie me fait subordonner les dangers auxquels je m'expose à mon devoir. Pour le reste, je m'en rapporte à la justice divine.

MOURAD.

29 *Kianoun Ewel* 1294 (*décembre* 1878).

La voilà, la vérité. Elle est si lumineuse que l'on conçoit, du reste, qu'un homme comme Abdul-Hamid emploie toute son intelligence et tous les ressorts d'une puissance presque sans borne à la refouler dans le puits d'où elle est émergée. On comprend qu'il la redoute. On conçoit ses craintes, qu'entretiennent chaque jour, pour les exploiter, les inventeurs de complots de sa police secrète et de la police internationale. Abdul-Hamid, qui n'aurait rien à redouter s'il était le Sultan légitime, appréhende tout de son usurpation, et rien n'éclaire mieux son illégitimité que ses terreurs qu'il étaye de son despotisme et d'une tyrannie inlassable. Et ces terreurs expliquent pourquoi, désertant le palais de Béchik Tache, véritable résidence de souverain oriental, qui fut celle de tous les Sultans, Abdul-Hamid s'est retiré sur les hauteurs de Yildiz, dans un kiosque qu'il a depuis considérablement agrandi dont il a fait une véritable forteresse inexpugnable, défendue par des canons Krupp, la mieux armée de toutes les forteresses de l'Empire ottoman. Ses terreurs expliquent pourquoi, contrevenant à tous les usages et à ses devoirs de Khalife qui lui imposent de se montrer au peuple, dans une mosquée publique, au moins une fois la semaine, à la prière du vendredi, il s'est fait bâtir, dans les jardins de Yildiz même, une mosquée spéciale d'où le peuple est rigoureusement banni et aux environs de laquelle n'ont accès que les personnages de l'Empire, le personnel des ambassades et les étrangers de marque. De quelle raison plus impérieuse que la raison religieuse qu'il brave avec tant d'audace, mais non sans péril, Abdul-Hamid peut-il se prévaloir s'il n'est pas un usurpateur hypocrite et timoré, dépourvu de cette grandeur, de cette générosité d'âme qui est le propre des Sultans ottomans?

Lorsqu'un homme est fou, il n'est de soins dont un frère ne l'entoure. Suffit-il, pour légitimer contre lui des mesures d'oppression et les rigueurs du *Carcere duro*, qu'il soit un fou impérial ou royal? De telles mœurs étaient en usage jadis dans les cours ; mais notre civilisation moderne a frappé à la porte de tous les palais et contraint les rois eux-mêmes à emboîter le pas à l'humanité et à la justice. Othon de Bavière, pour ne parler que des vivants, est entouré, dans son château de Furstenried, de sa famille, de ses serviteurs, de trois médecins qui ne le quittent jamais. Chaque semaine, il reçoit la visite des professeurs Grasby et Bauer, les plus réputés de Munich pour les maladies mentales, et, bien que fou, fou authentiqué par la Faculté, il n'est pas moins traité en roi autant qu'en malade, conformément à toutes les lois de l'humanité et de la civilisation.

Sultan Mourad aurait-il le tort d'être turc? Mais Abdul-Hamid ne s'aperçoit-il pas qu'en employant contre son malheureux frère les procédés d'un âge lointain, il autorise contre la Turquie et les Turcs les plus justes accusations de cruauté et de barbarie?

Si Sultan Mourad est fou, au dire de ce frère sans pitié, toute sa famille, sa mère, sa femme, son fils, ses filles, tous enfin seraient-ils aussi atteints d'aliénation mentale pour être enfermés, chacun séparément, dans une cellule, depuis vingt-deux ans, sans qu'il leur soit permis de correspondre ni avec l'extérieur, ni même entre eux? (1) De ceux qui subissent la tyrannie d'un despote pusillanime et lâche ou du tyran lui-même, qui a le plus justifié cette épithète de fou? Et, si un autre Erasme refaisait l'*Éloge de la Folie*, qui choisirait-il pour compléter son tableau des fous royaux, de Sultan Mourad qui écrivit cette lettre admirable d'humanité : « Mon frère, connaissez-vous « vous-même. Soyez juste et rachetez par des actes ver- « tueux l'affection et le contentement des peuples. La « conscience est inviolable, supérieure même à la force, « supérieure aux énergies les plus indomptables de qui que « ce soit, fût-il le plus grand roi, qui tenterait de la suppri- « mer. Mon frère, n'ayez pas peur de moi. Si vous régnez « en juste, moi, pour le salut et le bonheur de la nation « que je considère sacrée, je suis prêt à me soumettre à « vous et à vous servir... » Lequel est fou? du Sultan Mourad ou d'Abdul-Hamid qui couche sur un lit impérial tout maculé du sang de ses victimes, Arméniens, Turcs, dont l'histoire ne saura jamais évaluer le nombre même à cent mille victimes près, mais dont il est certain que les corps mis ensemble dépasseraient tous les holocaustes de Pierre-le-Cruel ajoutés aux pyramides humaines que Tamerlan élevait au dieu de ses rancunes et de la vengeance?

Depuis vingt-deux ans, sa sollicitude et son amour fraternel ne lui ont pas inspiré une seule fois d'aller rendre les visites qu'il doit au malheur et à une illustre infortune. Non, pas un jour, cet homme, que sa presse stipendiée

(1) On sait que les femmes du Palais ont des jours de sortie (Timar). Une d'elles, en visite chez Mme K..., a raconté que la fille aînée et le fils du Sultan Mourad lavent leur linge eux-mêmes dans leur chambre. Elle n'a pas dit — et pour cause — qui lave le linge de l'impérial prisonnier.

nous dépeint si doux et si bon — jamais la presse im monde n'a plus mérité son nom que depuis qu'elle a inventé des circonstances atténuantes à un assassin impénitent et récidiviste — non, pas une fois ce bon frère n'a eu la généreuse pensée d'aller voir un frère qui, s'il est malade, a bien dû, en vingt-deux ans, traverser quelques heures de lucidité en lesquelles il a déploré l'absence d'une affection familiale et cherché un sourire ami (1).

Parce que Abdul-Hamid juche sur une colline puissamment armée, véritable forteresse derrière laquelle il se retranche à l'abri de la colère du peuple et du châtiment, lui sera-t-il permis de porter une atteinte incessante à la vie et à la liberté de tout le monde ?

En vertu de quelle décision judiciaire et légale a-t-il interné, incarcéré son malheureux frère ? La Constitution ottomane, QUI N'A JAMAIS ÉTÉ ABOLIE, proclame cependant, dans ses articles 9 et 10, que : « Tous les Ottomans « jouissent de la liberté individuelle à condition de ne pas « porter atteinte à la liberté d'autrui. — La liberté indi- « viduelle est absolument inviolable. Nul ne doit, sous « aucun prétexte, subir une peine quelconque que dans les « cas déterminés par les lois et suivant les formes qu'elles « prescrivent. » De quelle loi Abdul-Hamid se prévaut-il donc pour soustraire son frère à la liberté que la Constitu-

(1) A de rares intervalles seulement, Abdul-Hamid envoie un chambellan s'enquérir de la santé de son frère. Celui-ci répond invariablement : « *Millet saiesindè itch bir chéyé ihtiadjun iokdour.* » Et, quand le chambellan lui demande ce qu'il doit dire de sa part au *Sultan*, Mourad V lui répond : « *Effendiyè* selam soïleï .iz » (Faites mes salutations à l'*Effendi*). Ainsi, en ne lui accordant que le titre d'*Effendi*, Mourad V dénie au souverain actuel la qualité de Sultan et proteste contre l'usurpation. C'est pour étouffer cette protestation intime qu'Abdul-Hamid a isolé son frère du reste des humains.

tion garantit formellement à tous les citoyens? En Europe et en Turquie même, l'internement d'un fou est soumis à certaines formalités qui nous mettent tous à l'abri du caprice ou de l'arbitraire ; la forme est la sauvegarde de notre liberté. Quelles formes judiciaires ont donc présidé à l'internement du prétendu malade? Abdul-Hamid invoquera-t-il que Mourad V n'est pas un simple citoyen et que la famille d'Osman est régie par des lois spéciales? Mais l'article 6 de notre Constitution — QUI N'A JAMAIS ÉTÉ ABOLIE — édicte : « La liberté des membres de la dy- « nastie impériale ottomane, leurs biens personnels, « immobiliers et mobiliers, leur liste civile pendant leur « vie, sont sous la garantie de tous. » *Sous la garantie de tous*, cela veut bien dire que les membres de la famille d'Osman sont placés par la Constitution elle-même sous le régime du droit commun et qu'ils demeurent sous la protection des lois qui régissent tous les citoyens. En séquestrant son frère en dehors de toutes les formes légales, Abdul-Hamid a donc violé une fois de plus la Constitution, comme il a violé, à la face de l'Europe, sa complice, toutes les lois de la civilisation et de l'humanité.

Que lui reste-t-il donc pour justifier son abominable crime? La raison d'État? Mais qui ne s'aperçoit que ce dernier argument le condamne irrémissiblement? La vérité ne craint pas la lumière ; au contraire, elle s'y vivifie et nous savons, par les exemples anciens et modernes de l'histoire, que la raison d'État est le suprême prétexte invoqué par tous les ennemis de la justice et de la vérité.

Donc, aucune raison plausible n'a justifié l'incarcération, puis la séquestration du Sultan légitime. La cause de cet acte éminemment arbitraire est l'usurpation même dont Abdul-Hamid s'est rendu coupable. Et l'on conçoit que, dès le début de son règne illégitime, l'usurpateur ait employé son incontestable intelligence, servie par ses richesses inépuisables, à faire accréditer dans le monde la folie de son frère. Au regard de la religion musulmane, qui ne lui avait reconnu que la qualité de régent, au regard de l'Europe, qui aurait pu, dans un conflit avec Abdul-Hamid, exciper de son usurpation et de son illégitimité pour refuser de traiter valablement avec lui, il fallait que la folie du Sultan légitime acquît une créance universelle et indiscutable. C'est à cette œuvre indispensable qu'Abdul-Hamid a voué toutes ses préoccupations et subordonné toute sa politique. La folie de Mourad V, c'était la légitimation perpétuelle et l'affermissement de sa royauté.

Pour le choix des moyens, il n'eut qu'à faire appel aux plus vils instincts d'une humanité prompte aux génuflexions et si accessible aux blandices des honneurs et de la fortune. Après avoir réduit les Ottomans les plus réfractaires par la prison, l'exil et l'assassinat, il a gagné à sa cause, par la corruption, tous les grands personnages de l'Empire qui lui furent un moment hostiles. Par une feinte bonté, des manières amènes et une hypocrite résignation, il a séduit les diplomates et les chefs d'État ; par des concessions de chemins de fer, de mines et d'autres entreprises lucratives, il a gagné — nous ne disons pas : trompé — tous les grands personnages européens qui disposent des journaux de leur pays. Par sa propre presse stipendiée, où passe une notable partie des revenus de l'Empire ottoman, il a réduit au silence et converti même l'opinion publique musulmane en Afrique et en Asie. Par l'ordre du Chefakat, créé à l'usage exclusif des femmes, il a fait taire le cœur des femmes dont l'indignation et les révoltes de conscience étaient susceptibles de produire contre lui un réveil de ce qui reste encore dans la presse de bons sentiments ; enfin, par une pluie de décorations qui s'est abattue sur les honnêtes gens de l'ancien et du nouveau monde, il a enchaîné la conscience de tous ceux qu'animait un reste de scrupule, de toute cette masse flottante de penseurs et d'écrivains, non dépourvus d'honnêteté, sans doute, mais certainement dépourvus de courage et si prompts à endormir leurs révoltes sur le mol oreiller d'un prétexte commode emprunté à la reconnaissance. Et, puisqu'il faut être indulgent à l'humaine nature, pourquoi tous ces hommes risqueraient-ils de troubler leur repos en s'insurgeant contre la justice violée, l'innocence persécutée, torturée ; ils ne sont pas à l'île du Diable, eux ! (1)

***

Mais, si Abdul-Hamid a oblitéré ou endormi la conscience et le cœur de tous ceux qui étaient susceptibles de lui faire opposition, il n'a pas, du moins, trompé à ce point la diplomatie européenne, qu'à la longue celle-ci n'ait sondé son jeu et démasqué ses astuces. Mais, comme toujours, le fait accompli avait mis en défaut la perspicacité des diplomates et, lorsqu'un jour de mauvaise humeur, après les massacres arméniens, ils eurent l'idée d'opposer Mourad V à l'usurpateur, Abdul-Hamid leur excipa le traité secret par lequel la Russie le reconnaissait comme Sultan légitime et s'engageait à défendre son trône et sa vie contre n'importe quelle grande puissance qui lui contesterait cette qualité. L'Europe s'inclina.

Allons-nous donc recourir aux puissances et leur demander qu'elles veuillent bien se souvenir du Sultan légitime

(1) Abdul-Hamid répand pour sa défense personnelle, en cadeaux, rémunérations, service d'espionnage, achat des consciences, huit millions de livres turques par an, soit environ deux cent millions de francs. Il distribue annuellement à la seule presse européenne six cent mille livres turques, soit environ quatorze millions de francs. Abdul-Hamid a compris notre époque et les hommes de notre fin de siècle. Il y a trente ans, il n'aurait pas survécu huit jours à ses crimes.

Mourad V? Nous n'avons rien à attendre, rien à espérer des gouvernements qui, après les massacres officiellement reconnus par leurs représentants à Constantinople, n'ont pas osé se désolidariser du plus grand des criminels avérés. Que peut-on espérer de ces hommes au cœur diplomatique qui ont imposé silence à leur conscience sous le prétexte affiché qu'en touchant à Abdul-Hamid ils compromettaient l'influence européenne en Orient, comme si Abdul-Hamid représentait tous les Turcs ou l'Orient, comme si cet homme, que tous les Turcs eux-mêmes méprisent, était une émanation éternelle de cet Orient tolérant auquel certains Sultans de sa trempe ont fait cette réputation injuste d'être fanatique et intolérant? Mais la vérité est qu'en touchant à Abdul-Hamid, ils touchaient à la Russie sa protectrice. Or, les événements, le voyage triomphant de l'empereur d'Allemagne en Palestine et à travers l'Empire ottoman, la prépondérance morale dont Guillaume II a dépouillé désormais la France, l'Angleterre et la Russie elle-même dans notre pays, viennent de démontrer surabondamment l'erreur et la faute pour longtemps irréparable des diplomates libéraux de l'Europe. Ces hommes-là, l'histoire les jugera. Aujourd'hui, surpris et vaincus par un plus habile dont l'excuse est de ne jamais s'être prévalu des grands principes, il leur est donné, jugeant les choses dans leurs conséquences, de comprendre enfin, dans la retraite de leur cabinet ou sur les ruines de leur édifice écroulé, qu'à moins de trahir l'humanité, qui se venge tôt ou tard par des revanches imprévues, on ne renouvelle plus, dans notre siècle, qui a soif de justice, une politique de complicité tacite. Nous laissons à leur honte et à leurs remords ces hommes d'État qui n'ont pas su comprendre que la grandeur et le prestige de leurs pays étaient intimement liés à la justice et à l'humanité pour tous, surtout quand cette justice et cette humanité devaient s'exercer contre un assassin couronné, que tous les gouvernements ont absous, il est vrai — et ce sera leur châtiment, — mais que tous les peuples ont condamné et flétri.

Donc, n'accrochons pas notre espoir au repentir de ceux qui furent des complices et, puisque aussi bien, ceux-là sont les détenteurs du canon justicier, ne rêvons pas encore que le monde s'honorera de finir ce XIXe siècle dans la plénitude de sa gloire et dans l'épanouissement de son honneur. Notre siècle traîne après lui, comme un galérien, un boulet, qui le rappelle à toute heure à la réalité de sa honte et de sa misère : Abdul-Hamid. Il a au flanc un abcès purulent, né des massacres arméniens, et qui sera, dans sa glorification posthume, comme la marque indélébile, comme le témoin horrifiant des turpitudes dont les diplomates ont laissé se ternir ces dernières trente années si glorieuses pour la science et pour la pensée humaine. Et, si Abdul-Hamid occupe encore le trône à l'aube de 1900, n'est-ce pas que le siècle qui vient serait souillé à sa naissance par un microbe dangereux, susceptible d'empoisonner le futur organisme social qui s'annonce pourtant d'une si belle venue !

Puisque tous les gouvernements ont fait faillite à leur mission, c'est donc aux peuples, c'est à l'opinion et à la presse honnête, c'est non pas à la tête, mais au cœur des nations, à la nation ottomane surtout, que nous dirons : Depuis vingt-deux ans, un homme, le plus doux et le plus séduisant des hommes, un Empereur qui s'annonçait au monde comme un paternel et magnanime souverain, est tenu emprisonné, cadenassé dans une geôle par un usurpateur, son frère. Ce fut longtemps dans une chambre du Palais de Tchéragan, qui borde les rives du Bosphore. Puis, après la tentative hardie d'Ali-Suavi, ce fut une geôle plus sévère, à Yildiz même, sous le regard de l'usurpateur, méfiant et trembleur. Mais, là encore, la prison était trop exposée aux regards indiscrets ; là, le remords était trop près du crime ; il fallait d'autres geôles et d'autres gardiens; et le malheureux fut traîné de prison en prison, de Tchéragan à Yildiz, de Yildiz à Nichan Tache, de Nichan Tache à Malta Kiosque, pour revenir à Tchéragan, traîné de station en station, comme le Christ au Calvaire, par des eunuques et par des esclaves qui trouvent dans l'approbation et dans les faveurs quotidiennes de leur maître Abdul-Hamid de nouveaux prétextes à plus d'insolence et à plus de tyrannie. Aujourd'hui ici, demain là-bas, n'importe dans quel lieu, Sultan Mourad est gardé à vue comme un condamné à mort, lui qui n'a même pas eu des juges, les seuls qui furent un instant légitimes, des médecins. Ah ! il serait trop facile, ici, de provoquer la pitié en traçant un tableau des souffrances physiques et morales qu'endure cet homme d'élite depuis vingt-deux ans qu'il est livré à sa pensée ; car les eunuques qui le surveillent sont des muets, par surcroît. Il serait trop aisé de faire appel à la sensibilité des cœurs en racontant les tortures que lui imposent, au nom d'un frère généreux et bon, ces muets du Sérail qui se vengent par la brutalité la plus grossière d'une diminution de leur humanité flétrie. La simple énonciation du martyre se suffit à elle-même et nous dispense de recourir aux armes d'une émotion sincère. Imitons la discrétion et le courage de celui qui souffre, sans se plaindre, dans son âme et dans son corps, et n'ayons de paroles que pour invoquer sur sa tête non pas la pitié — il ne nous la demande pas — mais la justice, un peu de justice, c'est-à-dire un peu de liberté, un peu d'air pur par une fenêtre entr'ouverte, un peu de soleil et de ciel bleu !

On ne les refuse pas aux fous !

Imprimerie de la librairie A. MICHALON, Paris

www.ingramcontent.com/pod-product-compliance
Ingram Content Group UK Ltd.
Pitfield, Milton Keynes, MK11 3LW, UK
UKHW020412230726
13925UKWH00004B/1379